WIN

赢　在　面　试　之　前

大学生求职实战手册：从简历到 offer

宋　嘉　杨富强◎编著

经济日报出版社
北　京

图书在版编目（CIP）数据

大学生求职实战手册：从简历到offer / 宋嘉，杨富强编著．北京：经济日报出版社，2025.5．
ISBN 978-7-5196-1580-2

I. G647.38
中国国家版本馆CIP数据核字第2025204PT0号

大学生求职实战手册：从简历到offer
DAXUESHENG QIUZHI SHIZHAN SHOUCE: CONG JIANLI DAO OFFER

宋　嘉　杨富强　编著

出版发行：经济日报出版社
地　　址：北京市西城区白纸坊东街2号院6号楼
邮　　编：100054
经　　销：全国各地新华书店
印　　刷：三河市国英印务有限公司
开　　本：880mm×1230mm　1/32
印　　张：5.375
字　　数：100千字
版　　次：2025年5月第1版
印　　次：2025年5月第1次
定　　价：68.00元

本社网址：**www.edpbook.com.cn**，微信公众号：经济日报出版社

我们永远奋进
我们永远创新
我们用汗水撰写简历

关于求职的对话

远见者： 喂！小马，该你过河了！

大学生： 《小马过河》不是小学的课文吗？

远见者： 因为现在的你就好像是《小马过河》里那匹被眼前的河流暂时阻挡了前进步伐的千里马。

《小马过河》里的牛伯伯和小松鼠都是真心实意地希望小马能平安过河，都是把自己最真实的经验告诉了故事里的小马，但最终小马还是要自己走过这条河——求职就好像小马过河一样，需要自己勇敢去面对。

大学生： 我该从何处下手呢？

远见者： 千里马，不要着急！远见者作为你求职过程中的“陪跑员”——让我们来陪你一起看看，在求职简历和面试中都需要注意哪些环节。

内容简介

《大学生求职实战手册：从简历到offer》是站在大学生视角编写的求职应聘实战指南，这本指南力求做到“每一页都有用”；同时也可作为就业指导老师和家长助力大学生求职应聘的工具性参考手册，以期帮助大学生在求职应聘、职业发展中找准方向、走稳第一步。

本书全文10万字，以问答形式展开，汇集了近年来“远见者杯”参赛选手的典型实战问题和校园招聘中出现的各种实际案例。书中以大学生视角看待和解答求职过程中最常遇到的问题，以“认知—准备—突围”为脉络，为大学生求职者提供了系统、实用的解答，帮助大学生更好地理解和应用求职应聘必备技能。

全书导航：本书系统绘制了大学生求职应聘的总体框架，共7个主题50余个问答，涵盖人生发展、招聘与求职、简历撰写、面试技巧和实习等过程中的难点要点，帮助大学生更好地了解求职应聘的完整过程以及其中各项要求和注意事项，提升大学生求职应聘的成功率。

实战工具箱（招聘与应聘实务）：按照实践中招聘应聘的实际流程进行分类归类，详细介绍了企业对待大学生应聘时的考量因素、面试情况和简历筛选要求，解读了如何分析理解招聘信息中招聘岗位的显性要求和隐性要求，对撰写简历和面试中的常见错误和需要注意的细节做了重要提示。

问题来源：“问”主要来自两个方面，其一是近年参加“远见者杯”的同学的反馈和咨询；其二是选取了一些与资深人力资源（HR）访谈或对话中具有代表性的共性问题。高校就业指导老师和大学生可根据自身实际情况，全书浏览或选择性精读与练习。

职业案例分析：这是本书的一大亮点。书中选取了多个热门行业的近百个真实职业案例，涵盖互联网、金融、制造业、服务业等多个领域。每个案例都详细介绍了岗位的主要工作内容、岗位关键技能、薪资待遇、发展前景、入职门槛、相似岗位、合适学科专业，为读者提供丰富的参考和启发。

我为什么要发起“灯塔计划”？

大学生是宝贵的人才，是推动科技发展、产业进步的重要力量。大学生就业不仅关乎个人发展，更牵动着千家万户的幸福。在从事就业指导工作的这些年，我越来越感觉其中的责任和使命，也越来越谨慎地做好每一个细节，生怕因水平有限而耽误了同学们的职业发展。

承蒙很多领导、专家、高校老师的关心，经常问及“为什么要发起‘灯塔计划’，是为了给大学生赋能吗？”每次我都说出心里话：我深信有目标的人生和没有目标的人生截然不同，“灯塔计划”旨在激发大学生树立并追寻他们心中的那座灯塔。我也欣喜地看到了很多参与过“灯塔计划”的同学们逐步建立起属于他们自己的“灯塔”。

大学生求职是一个复杂且极具个性化的过程，其复杂性来自技术深刻变革、产业快速发展，求职者、用人单位岗位要求的个性化，这些因素共同决定了求职不是一个能够一言蔽之的过程。

整个求职过程涉及理解人生、明确方向、准备简历、应聘面试和后续跟进等多个阶段。每个求职者犹如《小马过河》中的千里马，面对人生中很多个第一次，在“经验失效”的情况下，难免会感到茫然、不知所措，但他们始终坚守信念，勇往直前。

多年来，在开展大学生就业指导工作中发现，“千里马”迫切需要一个“陪跑员”在他们身边。“远见者杯”愿意承担这项任务，倾尽全力描绘人生、事业、求职、简历及面试的蓝图；“灯塔计划”乐于肩负这个使命，激励大学生用汗水书写简历，树立自己的灯塔，矢志不渝，奋进前行。

由于大学生就业指导工作责任重大，作者水平有限，难免挂一漏万，欢迎广大学生、高校老师、人力资源专家和社会各界批评指正，为后续的编写修订工作建言献策。

编著者

2025 年 1 月

目 录

1

工作对于人生的意义是什么

本章涵盖了人生目标的设定、人生价值的多元化方向、职业发展阶段以及对求职失败的正确认知等多个方面，系统的内容能够帮助大学生从宏观（人的一生）到微观（求职）全面思考自己的职业发展，而不是仅仅关注眼前的求职结果。

大学生在求职前通过思考人生目标、多元价值，明确求职只是人生的一部分，而非全部，从而激发敬业精神和对人生负责的态度。通过设定自己的人生目标，选择合适的行业和职业方向；通过了解人生四个职业发展阶段，进一步了解毕业时第一次求职的要点和难点；正确认识求职失败，将其视为成长契机，进而反思和调整、提升就业能力，激发整个职业生涯的精神动力。

这不仅能帮助大学生在求职中找到适合自己的岗位，而且能为未来的职业发展和人生价值的实现奠定坚实的基础。

01 求职前应该如何思考自己的人生

有目标与没有目标的人生，将是完全不同的。

人生不是某个学科的考试，不是错过了就再也没有机会了，也绝对不是“毕其功于一役”的那种所谓的终极考试。人生更像是开卷考试，没有任何人给我们出“卷子”，所有的人生试卷都是我们自己给自己的，这个试卷就是——我要成为什么样的人？我要为我自己的人生设定什么样的目标？我要为这个目标做出哪些努力？承担哪些责任？同学们，发现了吗？我恰恰没有说权利。为什么？因为当我们面对自己的人生时，更多的是责任，我们首先要承担起对自己一生负责的责任。

在人生的旅途中，我们时常会遇到选择、挫折、失败、挑战，科技不断快速发展，我们的选择也越来越多，同时迷茫和不确定性也在提高。人生目标就如同航海中的灯塔，不仅能帮助我们面对各种困境，还能让我们坦然享受各种香甜，更能让我们遇见困难而不气馁，获得成绩而保持敬畏。

同学们，我想对你们说，未来有一天在我们回想自己一生的时候，就会发现求职就业只是我们一生中一个非常具体的动作，它很重要但不能代表我们的人生，仅是我们创造价值的开始。求职是一个单一目标的动作，当你有十年工作经验之后会发现，凡是只有一个“有限目标”的动作，其实都是简单的。

人生目标是自己设定的，不会一成不变，是我们在某一个时刻对未来的设想，就像灯塔一样引领我们。

02 人生价值是多元的还是单一的

人生价值是多元的，而非单一的。

每个人在不同的生活阶段和情境下，可能会追求不同的价值和目标。每个人的文化背景、人生经历、兴趣爱好和特长等因素不同，会导致每个人对价值的理解与追求不同。对于一些人，职业成就可能是最重要的价值；而对于另一些人，家庭、友情、爱情、健康、精神成长或社会贡献则可能更具有意义。

我们是一个立体的人，每个人都会有多元的追求。正因为人生价值的多元性，我们才能在丰富多彩的生活中找到适合自己的道路，实现我们个体的独特价值。

同时，我们也应该理解和尊重他人的多元选择。

03 应该怎样设定人生目标

人生目标是人生价值多元化的具体体现，我们不能仅仅在职业成就上设定人生目标，而应该从人生的长度、高度去思考。目标需要具体、明确、可衡量，这样才能更容易实现。不要设定过于虚化的目标，过于虚化的目标不能像灯塔一样引领我们、激发我们；也不要设定过于短浅的目标，短浅的目标太容易完成，不能让我们产生使命感或成就感。

这里，我给出两个能够引导你们思考人生目标的方法，供你们参考。

方法一　站在人生的高度来思考（以终为始）

请假设时间飞逝如电，你今年就要退休了，回顾自己 30 多年的职业生涯，你会怎么总结或者衡量？你会用你这段时间薪资的总和来衡量吗？我想应该不会。那么请站在退休前这个具体时间点来思考，你希望如何总结自己，用笔写下来，哪怕是最可笑的，也不要担心，请你大胆写下来，写给 30 年以后的自己（同时，请不要忽略 AI 高速发展给你带来的影响）。

方法二　SMART 原则

SMART 原则是一种广泛使用的目标设定方法，旨在帮助制定清晰、可衡量、可实现、相关且有时限的目标，由 5 个英文单词首字母组成，分别是 specific（具体的）、measurable（可衡量的）、achievable（可实现的）、relevant（相关的）和 time-bound（时间限制的）。SMART 原则是一个很好的工具，帮助你设定清晰的目标。当然，这些只是为了启发你思考，真正的目标还需要你自己深度思考，并为之奋斗。

【贴士】

几点思考方向或原则：

1. 不要局限在职业岗位高低，岗位高低只是一个结果，而不是目标。

2. 不要停留在念头，比如“我想财富自由”，这是念头，不是目标。

3. 不要低估复利的作用，思考一些每年、每月，甚至每天可以坚持做的具体动作；比如“我要坚持每天阅读 30 分钟”。

04 如何从人生四个职业发展阶段看第一次求职

正常情况下，人的一生会有四次职业发展选择，大学生毕业求职是第一次职业选择。由于自身发展选择的多样性、对行业发展的不熟悉以及就读学校、所学专业和学习、实习情况的限制等多种原因，大学生第一次职业选择往往面临困惑和挑战。

初步了解人生四次职业选择（也对应了四个职业发展阶段），对第一次选择具有一定的启发。大学生在求职时，首先要明确自己感兴趣或有发展的行业，了解行业的发展趋势和前景，选择一个能提供广阔发展空间和学习机会的行业。结合自身情况，逐步选定自己认定的行业、职业，进而向纵深发展。

选择非常重要，努力也同等重要。可以爱一行、做一行，也可以做一行、爱一行、精一行。求职只是一个时间点，而日常的工作是一条时间线。

第一次职业选择：毕业时的行业选择

人生第一次重要的职业选择就是在大学毕业时第一次求职就业。这次选择中，对行业的选择比具体职位更重要——这也是应届毕业生难于抉择的原因。在规划职业道路时，眼光一定要相对长远，不仅要看眼前是否稳定，更要多想、多问未来 10 ~ 15 年这个行业的总体发展趋势。

不同的行业就像不同的交通工具，虽然都能到达目的地，但速度和平台完全不同。5 ~ 10 年后，同学们的发展差异往往源于行业选择的不同。大学生在求职时，要有长远的规划，思考自己的职业兴趣和未来发展方向，不要只盯着眼前的职位，而是要为未来的职业发展打下基础。

【贴士】

了解不同行业的发展趋势，既对就业时选择行业方向有益，也能让你在面试中表现出对行业及企业的了解程度。

1. 善用短视频平台，多搜索不同行业的发展趋势。

2. 阅读《行业分析报告》，全国性行业协会、学会以及知名行业智库经常会发布《行业分析报告》，这些报告都会透露出行业发展趋势。

3. 阅读上市公司年报或行业指数分析，一方面可以了解不同行业，另一方面可以了解行业动态。

4. 参加各种讲座、研讨会、阅读沙龙等交流活动，从中不仅可以学习到专业知识，而且可以扩展人生视野。

第二次职业选择：20 ～ 35 岁的职业跃迁

第二次职业选择通常发生在工作 10 年左右（以本科毕业为基准），大体在 35 岁之前。这次选择的关键在于能否为未来的职业生涯加分，能否实现职业层级的跃迁。

职业跃迁不仅仅是职位的升迁，更重要的是能否获得更大的平台、更复杂的任务和更重要的资源。比如从中小型公司跳槽到大平台公司的相同岗位或从执行类岗位晋升到管理岗位，或者从普通项目转向更具挑战性的大型项目。这时候，企业会更看重你的能力和潜力能否带来更大的价值。

第三次职业选择：35 ～ 40 岁时为第二曲线做准备

第三次职业选择发生在 35 ～ 40 岁之间，这是职场的中场阶段，即为自己的第二曲线做准备，比如换行业、学习新技能或者尝试新的职业角色。这时候，选择不仅仅是为了薪资增长，而是为未来 10 年（约至退休年龄）的职业发展提供延续的能量和资源。

第四次职业选择：第二曲线（45 ～ 50 岁）

第四次职业选择是人生历程、职场发展、个人生活、行业变化和心理需求等多方面因素共同作用的结果。它不仅是对过去职业生涯的总结，更是对未来职业发展的重新规划。这次选择体现了个人在职场中的成熟和自我反思能力，也反映了职场环境的动态变化对个人职业发展的深远影响。

只有一部分人会进入这次选择，此时个人已经积累了较为丰富的工作经验、专业技能和人脉资源。许多人在这个阶段会对自己的职业生涯进行一次全面的总结和反思，会结合自身的社会阅历深度思考人生的价值、工作、家庭、健康、兴趣，并寻求达到新的平衡。

值得注意的是，有 20 年左右工作经历与刚刚步入职场的选择是不同的，若这个时候还有选择的意愿、能力，是一种新的主动突破。

【贴士】

大部分人的一生可能有很多次求职，其中大学毕业时的求职虽然有困难，但也是最简单的，因为用人单位对招聘应届大学生与招聘具有 3 ～ 5 年工作经验人士的考核、考量是完全不同的。

对具有 3 ～ 5 年工作经验人士招聘时，更侧重业务能力、专长、成果等硬性指标；对应届毕业生招聘则更看重专业基础能力、责任心、学习能力等柔性指标。

05 应该如何看待求职失败

首先，如何看待失败？

失败是一生中无论做任何事情都不能绕开的话题，对此我们不能回避。我们应客观认识失败，在失败中分析原因、总结教训，努力将失败转化为成长的契机，转化为自己的经验（几乎所有经验的背后都是对无数次失败的总结）。

1. 客观认识失败

失败是一种常态，成功才是偶然。

失败≈目标不当 × 方法不对 × 信心不满 × 资源不足 × 能力不够 × 机遇缺失

这个失败公式的要素之间是乘法的关系，任何一个要素都可能导致失败。所以不要害怕失败，失败只是证明了其中一条路是错误的。不要在意，不要抱怨，静下来继续寻找成功的方向、路径。

2. 将失败转化为自己的经验

所有的经验都来自“对失败的认真分析总结”，一些是前人总结的，最终形成了规定、方法、规则、流程、工艺等，这些相当于公式；还有一些是我们自己总结的，这个就是经验、技巧。遇到失败不要紧，客观地分析失败的原因，继续努力。

其次，如何看待求职中的失败？

同学们，想个问题：为什么短视频平台中很少听见有 5 年以上工作经验的职场人士谈论、抱怨“求职失败”？

不论有多少年职场经验，求职失败是在求职过程中常见的现象，包括投递简历没有得到面试机会、面试没有通过等。

大学生正确认识求职失败是一次精神上的“断奶”经历，是独立认识世界的开始，其中必然会包括失败，这里没有亲友团、没有气氛组，几乎要独立面对所有。如何认知深层原因并更好应对，对于求职和职业发展至关重要。

1. 求职是一个筛选过程

求职的本质是一个双向选择的过程。企业需要找到最适合的岗位人选，而求职者也需要找到最适合自己的企业。因此，投递简历没有得到面试机会或面试没有通过，并不意味着个人能力不足，而只是说明在当前阶段双方没有匹配成功。

2. 失败是成长的一部分

求职失败是职业生涯中的一个重要环节，它可以帮助求职者更好地了解自己的优势和不足。每一次失败都是一个学习和反思的机会，通过分析失败的原因，调整自己的定位，转换求职策略，优化简历，提升求职技巧。

3. 设定合理预期

求职时不要期望一次就能成功，要给自己设定合理的预期，可以将求职过程看作是一场马拉松，而不是短跑，要时刻保持耐心和毅力。

最后，卡在哪里，就在哪里努力

拿出游戏中升级打怪的心态来，遇到关卡太难卡住时，你是选择放弃还是默默找方法继续努力？

卡在“海投”简历没有面试机会：如果投递简历没有得到面试机会，可以检查简历是否清晰、简洁、重点突出，是否与岗位要求高度匹配，可以请教学长、学姐或就业指导老师，对简历进行优化。

卡在进入面试没有通过：如果面试没有通过，要及时总结面试经验，可以主动向面试官询问反馈意见，了解自己的不足之处；也可以回顾面试过程，思考是否紧张、是否回答问题不够清晰、是否对岗位理解不够深入等。

卡在专业能力不足：利用一切可以利用的空闲时间提升专业能力，继续学习专业知识，提升自己的技能水平，例如学习使用 AI、学习使用新工具、考取相关的职业资格证书等。

2

企业招聘的主要流程

大学生在求职时，了解企业招聘的主要流程至关重要。

▶ 提高求职效率，避免盲目投递

了解招聘流程可以帮助大学生明确每个阶段的目标和任务，例如简历投递、笔试、面试等，从而有针对性地准备，避免盲目投递简历，提高求职效率。

▶ 掌握主动权，做好充分准备

了解招聘流程可以让大学生对整个求职过程有清晰的认知，提前做好相应的准备，例如了解企业背景、职位要求、面试技巧等，从而在求职过程中掌握主动权，增加成功概率。

▶ 避免信息不对称，减少求职风险

了解招聘流程可以帮助大学生识别招聘过程中的潜在风险，例如虚假招聘信息、不合理收费等，避免因信息不对称而遭受损失。

▶ 提升求职竞争力，脱颖而出

了解招聘流程可以帮助大学生更好地展示自身优势，例如在简历中突出与职位要求相匹配的技能和经验，在面试中展现出对企业和职位的深入了解，从而提升求职竞争力，在众多求职者中脱颖而出。

06 正常的校园招聘有哪些步骤

企业正常的校园招聘（简称“校招”）流程通常包括以下几个步骤：

职位发布与宣传：企业首先会在各大招聘网站、校园就业指导中心、社交媒体等平台上发布招聘信息，宣传校招职位和企业文化，吸引有意向的大学生应聘者关注。

简历筛选：企业在收到应聘者的简历后会进行初步筛选（越来越多的企业采取自动匹配筛选），根据职位要求和企业的招聘标准，筛选出符合要求的候选人。

专业技术能力测试（简称“笔试”）：对于一些技术性较强的职位，用人单位可能会安排笔试或在线测试，以评估应聘者的专业能力和技术水平。

面试：通过简历筛选和笔试，用人单位会邀请候选人进行面试。面试一般分为初试和复试，初试主要由 HR 或部门负责人进行，复试则可能由更高层级的领导或专家进行。

背景调查与体检：对于通过面试的候选人，企业可能会进行背景调查，了解其过去的工作经历、学历等信息的真实性。同时，企业还可能要求候选人进行体检，以确保其身体健康，能够胜任工作。

录用通知：经过综合评估后，企业会向符合要求的候选人发出录用通知，告知其职位、薪资、工作地点等具体信息，并与其签订劳动合同。

以上就是企业正常的校招流程。需要注意的是，不同企业的校招流程可能会有所不同，但大体上都会遵循以上步骤。同时，在校招过程中，企业通常会遵循公平、公正、公开的原则，确保招聘过程的透明度和公正性。

【贴士】

如果有笔试和面试，一般会将两者的综合分数进行加权赋值，得出最终面试成绩。

07 企业筛选简历主要包括哪些环节

企业筛选简历的主要环节是一个既严谨又高效的过程，旨在找到最符合岗位需求的优秀候选人。招聘团队通常会设定明确的筛选标准，以便在大量的申请中快速识别出最有潜力的候选人。太过潦草或设计花哨的，以及不是为目标岗位撰写的简历，很可能会在第一阶段就被排除在候选之外。

对于大学生而言，撰写一份符合企业要求、能够突出自己优势和潜力的简历，是获得面试机会的关键。因此，大学生在撰写简历时应清晰准确地展示自己的技能和经验，并紧密围绕目标职位的要求，以确保自己的简历能够通过企业的筛选环节，争取到面试机会。

第一个环节：初步筛选

初步筛选是简历筛选的第一步，通常在几秒钟内完成。招聘人员会快速浏览简历，以判断其是否满足招聘职位的基本要求。在这一阶段，那些明显不符合要求的简历会被迅速淘汰，这个环节也是淘汰率最高的环节。

第二个环节：详细选择

对于那些经初步筛选通过的简历，招聘团队会进行详细的阅读和评估。他们会仔细阅读简历中的每一个部分，包括个人信息、教育背景、工作经历、技能和特长等。在这一阶段，招聘人员会评估候选人的专业技能、工作经验和潜力，以判断其是否适合所招聘的职位。

第三个环节：背景调查（电话访谈或视频访谈等）

对于通过详细选择的候选人，企业可能会进行背景调查，以核实其简历信息的真实性。这包括联系候选人的前雇主、教育机构或推荐人，了解候选人的工作表现、学术成就和性格特点等。背景调查有助于企业更全面地了解候选人，从而做出更准确的招聘抉择。

第四个环节：面试邀请

经过以上几个环节的筛选和评估，招聘团队会选出一些符合职位要求的候选人，并邀请他们参加面试。面试是企业进一步了解候选人性格、工作能力、沟通能力和适应能力的重要环节。通过面试，企业可以更加准确地判断候选人是否适合所招聘的职位。

后续环节：面试通过后，会进入录用与体检、报到等事项

经过内部评估讨论决定最终录用人选，与候选人沟通确认并发放录用通知（offer），告知入职岗位、报到时间地点等情况。部分单位会要求报到前完成入职体检。

08 大学生在求职过程中大多会经历哪些重要环节

大学生在求职过程中大多会经历以下重要环节，这些环节构成了大学生求职过程的主要框架。

第一环节：自我评估与职业规划

分析自己的兴趣、技能、价值观和长期职业目标，确定适合自己的职业领域和行业，制定短期和长期的职业发展规划。

第二环节：简历制作

根据目标职位制作简历，突出相关技能和经验。确保简历清晰、简洁、无错别字、格式规范；定期更新简历，以反映最新的学术成果和实践经验。

第三环节：求职应聘邮件撰写

编写专业的电子邮件，以建立与潜在雇主的初步联系。撰写有针对性的求职信，表达对该职位的热情和适合理由。

第四环节：校园招聘会与网络信息收集

参加校园招聘会，与雇主面对面交流，了解职位详情。利用招聘网站、社交媒体和公司信息网站收集职位信息和公司动态。

第五环节：面试准备与实战

研究潜在雇主的企业文化、业务和产品。

准备常见的面试问题，并练习回答，增强自信。可参加模拟面试，获取反馈和改进建议。在实际参加面试时，充分展现自己的技能和性格。

了解行业内的薪资水平，争取合理的薪资和福利。

第六环节：录用与确认

收到并确认 offer，应回信或回电确认。先确认录用岗位情况，了解工作细节、报到时间、地点及流程、薪资福利等必要细节。然后决定是否响应，可选择同意或放弃。需要说明的是，很少有用人单位对“选择放弃”的候选人再次发出 offer，这点应该谨慎。

第七环节：入职准备与职场适应

完成入职手续，如签署合同、完成培训等。了解企业文化、规章制度和工作流程，适应新的工作环境，解决初入职场可能遇到的问题。

09 大学生在求职应聘过程中需掌握的核心内容和注意事项

通过正常的招聘步骤对求职应聘中的核心内容进行总结与分类，大学生可以更加清晰地了解求职应聘过程中的注意事项，从而更有针对性地准备和应对求职挑战。

第一阶段：求职准备

自我评估与定位： 了解自己的兴趣、能力和职业目标，明确自己的职业定位和发展方向。

信息收集： 研究目标职位的要求和市场行情，了解企业文化、业务和招聘标准。关注行业趋势和市场需求，为面试做好充分准备。

简历制作： 制作一份简洁明了、针对性强的简历，突出展示自己的关键技能和经验。在简历中展示自己的职业目标、稳定性、工资期望以及潜力和培养价值。

第二阶段：应聘

修改并投递简历： 根据职位要求和公司文化，选择合适的投递方式（如在线投递、邮件投递等）。

面试准备： 深入了解公司背景、业务范围和产品特点，准备面试常见问题的答案。练习面试技巧，提高应变能力和表达能力。

面试过程：展现自信、积极和专业的形象，注意语言表达和肢体动作的控制。诚实回答问题，展示自己的实际能力和对岗位的理解。询问公司相关情况，展示对公司的兴趣和关注。

第三阶段：后续跟进

面试结果跟进：在面试后及时与招聘方联系，表达自己的感谢和进一步了解公司的意愿。关注面试结果通知，及时做好下一步的准备。

offer 谈判：在收到 offer 后，认真考虑并评估自己的期望与公司的 offer 是否匹配。如有需要，可以与招聘方进行谈判，争取更合理的薪资待遇和职业发展机会。

入职准备：在确认入职后，了解公司的入职流程和所需材料，做好入职准备。与公司沟通入职时间和相关安排，确保顺利入职。

【贴士】

在求职过程中，保持积极的心态和耐心，不要急于求成。注意保护个人隐私和人身安全，避免泄露个人信息或陷入招聘陷阱。不断学习和提升自己的能力，为未来的职业发展打下坚实的基础。

10 企业发布招聘信息和收取简历的主要渠道

网站、官微：许多大型企业或知名品牌会在自己的官方网站或官方微博上发布招聘信息。这种方式的优点是信息较为正式且直接，可以及时了解企业的最新招聘动态。

招聘网站：如应届生求职网、大街网、51job 等，这些网站专门提供招聘信息发布服务，覆盖行业广泛，信息更新快。

校园网、就业网：很多高校都有自己的校园网或就业网，企业可以直接在这些平台上发布针对大学生的招聘信息，从而精准定位并有效吸引目标群体。

社交平台：如微信、微博等社交平台也是企业发布招聘信息的重要渠道。企业可以通过这些平台与求职者进行互动，提高招聘效果。

校园招聘会、说明会：企业可以参加各类校园招聘会或说明会，现场接收求职者的简历。这种渠道适用于招聘大量人员或需要面对面沟通的职位。

11 如何分析、对照岗位任职要求（JD）撰写简历

应届大学生应该从以下几个方面来分析、对照招聘岗位 JD 进行面试准备：

第一，明确自己的求职意向

基础条件对于任何求职都非常重要，明确自身定位，朝三暮四或好高骛远都很难找到合适的工作。

第二，大量阅读相同或相近岗位的 JD，合并同类项，发现共性规律

应届大学生在求职初期，应广泛阅读、收集、分析目标岗位的

招聘 JD。例如，如果目标是市场营销岗位，可以查找不同公司发布的市场营销专员、市场助理等岗位 JD。通过对比这些 JD，找出其中的共性内容，如常见的工作职责包括“市场调研”“活动策划”“数据分析”等，核心技能可能包括“熟练使用办公软件”“良好的沟通能力”等。

合并同类项、总结共性规律。将这些共性内容整理出来，形成一个通用的岗位要求清单。这将有助于求职者在撰写简历时，确保涵盖所有关键要素，避免遗漏重要信息。

第三，对比硬性招聘要求

硬性条件通常是岗位的入门资格，如学历要求、专业背景、必要的证书等，这些条件是筛选环节必须满足的，否则很难进入面试环节。简历中突出符合硬性条件的内容，可在“个人技能”、获奖或技能证书中非常明确展示自己这些硬性条件，以提高通过率。

第四，对比考量柔性能力

柔性能力是优先条件，也是招聘的加分项。这些能力通常包括团队合作能力、沟通能力、创新能力、问题解决能力等。例如，岗位 JD 中提到“具备良好的团队合作精神和沟通能力”“有创新思维者优先”。在简历中，可在“自我评价”“实习经历”中通过具体的项目或实习经历来展示这些柔性能力。

第五，发现不同公司同一岗位的个性化要求

不同公司对同一岗位可能有不同的个性化要求。分析个性化要求并与自身进行对比，这些要点就是比较优势，应该在简历和面试中有针对性地展示自己的优势。例如，一些公司可能更注重创新和设计能力，而另一些公司可能更强调数据分析和项目管理能力。

第六，撰写简历时同步准备面试

简历是书面面试，面试是现场的“简历”。很多同学面试失败的根本原因是将“简历”与面试割裂开。结合岗位 JD 分析自身优势，体现出自己的独特之处，这些往往是面试的“必答题”，因此要提前准备好相关问题的回答。例如，面试官可能会问到你在简历中提到的某个项目细节、某项技能的使用场景等。通过提前准备，确保在面试中能够流畅、自信地回答这些问题。

【贴士】

柔性能力最好通过“提炼内容直接点题＋实践案例＋成效成果”的方式体现，这部分往往也是面试“必答题”或“加分题”，应该重点准备。

第七，大量阅读招聘信息的“隐形福利”——帮助你“赢在面试之前”

大量阅读招聘信息不仅能帮助应届生更好地撰写简历，还能深入了解行业和岗位的总体情况，从而在面试中展现出更高的求职意愿和对工作的熟悉程度。

阅读招聘信息，可以关注行业内的热门岗位、新兴技术、市场趋势等内容，有利于掌握行业动态与趋势。

阅读招聘信息，可以提前了解目标企业的文化特点，从而在面试中更好地展示自己与目标企业文化的契合度，从而提升成功率。

3 企业需求与校园培养的差异

大学生在求职时，需正确理解企业需求与校园培养的差异，因为两者之间的出发点、根本目标几乎是不同的，如果不能正确理解，难免会处处碰壁。

▶ 避免认知偏差，减少求职挫折

许多大学生对职场存在认知偏差，准确理解企业的筛选和期望可以帮助大学生树立正确的求职观念，避免因认知偏差而遭受挫折。

▶ 明确自身定位，弥补差距

校园培养更注重理论知识和综合素质的提升，而企业更看重实践能力、解决问题的能力和职业素养。理解这些差异可以帮助大学生明确自身定位，发现自身不足，并有针对性地弥补差距。例如通过实习、项目实践等方式提升能力。

▶ 调整求职策略，提高成功率

了解企业对大学生的期望和侧重点，可以帮助大学生调整求职策略，转变撰写简历、准备面试的基准点，从而提高求职成功率。例如在简历和面试中突出企业看重的技能和品质。

【贴士】

简历和履历是完全不同的文体，相互不能替代。

12 企业如何看待工作与学习之间的相同点和差异点

企业认为学校学习和就业在知识获取和自我发展方面具有共同点，但在知识类型、学习方式、评价标准、时间管理和人际关系等方面存在明显的差异。因此，企业在招聘和选拔人才时，会综合考虑应聘者在学校学习中的表现和实践经验，以评估其是否具备岗位所需的知识和技能，以及是否适应企业的工作环境和文化。同时，企业也期望员工能够不断学习和成长，将学校中所学的理论知识与实际工作相结合，为企业的发展作出贡献。

相同点

知识获取：无论是学校学习还是就业，都是获取知识和技能的过程。学校提供理论知识和技能的培养，而工作则提供了实践和应用的机会。

自我发展：在学校和工作场所，个人都有机会进行自我发展和提升。这包括学习新技能、拓展知识领域、培养领导力和团队协作能力等。

目标导向：无论是学习还是工作，都需要有明确的目标和计划。这有助于保持动力、提高效率，并实现个人的长期发展目标。

差异点

知识类型：学校学习主要侧重理论知识和基础技能的掌握，而工作则更注重实践经验和职业技能的应用。

学习方式：学校学习通常是在教师的指导下进行，有固定的课程安排和学习计划。而工作则更多地依赖个人的自主学习和解决问题的能力。

评价标准：学校学习的评价标准通常是考试成绩和学术表现，而工作则更注重实际成果、工作表现和团队合作能力。

时间管理：在学校，学生有更多的时间来灵活安排自己的学习和生活。而在工作中，员工需要严格遵守工作时间和安排，并承担相应的工作责任。

人际关系：在学校中，人际关系相对简单，主要是师生和同学之间的关系。而在工作中，人际关系更加复杂，需要与不同背景和性格的同事、上级和客户等进行沟通和合作。

13 企业筛选简历与学校评估优秀学生的要求有何区别

企业筛选大学生简历与学校评估优秀学生履历在学业成绩、实践经历和综合素质等方面存在相同点，但在评估目的、评估标准、了解程度以及视角和重点等方面存在差异。

相同点

关注学业成绩：无论是企业还是学校，在评估学生的优秀程度时，都会关注其学业成绩。学业成绩是衡量学生学习能力和专业知识掌握程度的重要指标。

看重实践经历：实践经历可以反映学生的实际操作能力和解决问题的能力。无论是企业还是学校，都会看重学生在实践中的表现，如实习经历、项目经历等。

考查综合素质：除了学业成绩和实践经历，综合素质也是评估学生优秀程度的重要因素。这包括学生的沟通能力、团队协作能力、创新能力、领导能力等。

差异点

评估目的：企业筛选大学生简历的目的是找到符合招聘需求的人才，以支持企业的业务发展。而学校评估优秀学生履历的目的是选拔出优秀的学生，以支持学校的教学和科研工作。

评估标准：企业在筛选大学生简历时，会更加注重应聘者的专业技能、工作经验和职业规划等，以确保应聘者能够胜任所招聘的职位。而学校在评估优秀学生时，会更加注重学生的学术能力、科研潜力和综合素质等，以选拔出具有潜力和天赋的优秀学生。

了解程度：企业对学生的了解程度通常基于简历和其他应聘材料。企业 HR 或招聘团队在筛选简历时，主要依赖学生提供的书面信息来评估其适合度。他们可能对学生的综合情况、个人特质、实际能力和潜力了解有限。而学校通常与学生有更为深入和全面地互动，这种长期、持续地互动使得学校能够更准确地评估学生。

视角和重点：企业通常从职业发展的角度评估学生，关注其专业技能、工作经验、职业规划以及是否能够适应企业文化和工作环境。企业更关注学生的实际工作经验和解决问题的能力，学校则更多地从教育和学术的角度对学生进行评估。

14 相对于有 3～5 年工作经验的求职者，企业对毕业生应聘有哪些考虑和期望

毕业求职对于大学生而言确实有挑战，但是一定要清晰地了解，毕业应聘是整个职业生涯中应聘要求最低的一次。总体而言，企业

一般会降低对应届大学生的要求，同时也期望毕业生能具备更多的发展潜力。

大学生求职时需要展现自己的综合素质、专业知识、发展潜力和学习能力，而有 3 ~ 5 年工作经验的求职者则需要证明自己具备的实际工作经验和职业发展潜力。在面对大学生求职时，对比有 3 ~ 5 年工作经验的求职者，企业会有以下不同的考虑和期望。

学历、专业与潜力：由于大学生缺乏实际工作经验，企业会更关注其潜力、学习能力和适应能力。企业通常更看重大学生的学历背景，相同专业背景下有对应技能可能更具吸引力。

培训与可塑性：大学生在初入职场时，往往被看作是“一张白纸”，企业期望通过培训和引导，将他们塑造成符合企业文化和业务需求的员工。企业愿意为大学生提供更多的培训和指导，因为他们通常具有更强的可塑性。

薪资预期：由于大学生缺乏工作经验，他们的薪资通常不会高于有 3 年以上工作经验的求职者。

创新能力和学习态度：企业更加重视大学生的创新能力和学习态度，因为他们是“新鲜血液”，可能带来新的思维和观点。大学生在求职过程中，需要展现出对新技术和新知识的热情和好奇心。

15 企业在技术能力之外更看重求职者的哪些品质

企业在招聘过程中除了技术能力外，还非常重视求职者的学习能力、团队合作能力、沟通能力、解决问题能力、责任心和创新能力等品质。这些品质将有助于员工在企业中更好地发挥作用，为企业发展作出贡献。在企业招聘过程中，除了技术能力外，还有许多其他的品质受到重视。以下是梳理总结企业更看重的一些品质。

学习能力：企业普遍认为，一个具有强烈学习愿望和优秀学习能力的人，可以更快地适应新的工作环境，掌握新的知识和技能。因此，学习能力被认为是除技术能力外非常重要的一项品质。

团队合作能力：企业重视员工是否有与他人协作，实现共同目标的能力。具有团队合作能力的人，通常能够更好地融入团队，为团队发展作出贡献。

沟通能力：良好的沟通能力可以帮助员工更好地理解他人的需求和想法，也能够更好地表达自己的想法和观点。这对于企业协作和决策都非常重要。

解决问题能力：企业会面临各种各样的问题，因此，具有解决问题能力的员工往往更受欢迎。这种能力可以帮助员工在遇到问题时，迅速找到解决方案，保证工作的顺利进行。

责任心：企业希望员工能够对自己的工作负责，对自己的行为负责。具有责任心的人，通常会更加认真地对待工作，更加努力地完成任务。

创新能力：在快速变化的市场环境中，创新能力成为企业竞争的重要优势。因此，企业也越来越重视员工的创新能力，希望员工能够提出新的想法和解决方案，为企业的发展注入新的动力。

16 招聘实践中一般还有哪些不成文的要求

企业在招聘中都会有一些不成文的要求，但这些不是歧视性要求，而是为了提高企业的招聘效率。例如，对于招聘大学生，企业不仅看重应聘者现有能力和技能，更看重其潜力和可塑性。这意味着企业希望找到那些具有学习意愿和成长潜力的员工，以便在未来能够与企业一起成长和发展。

了解并应对这些不成文的要求，可以提高应聘者在招聘过程中的竞争力。这些要求并非固定不变，应聘者应根据具体情况灵活应对，展示自己的独特优势和适应性。这些要求可能因企业而异，以下是一些常见的例子：

行业或市场趋势：一些企业可能根据行业或市场趋势来调整招聘策略和要求。例如，在快速发展的行业中，企业可能更注重应聘者的创新能力和学习能力。

企业文化契合度：许多企业强调与自身文化的契合度，包括价值观、使命、行为准则等方面。应聘者需要了解并展示出自己能够融入并适应该企业的企业文化。

内部实习或推荐优先：一些企业可能更倾向于通过内部实习或内部推荐来招聘员工。内部推荐通常被认为是更可靠的，且有助于建立团队之间的信任和协作。

特定技能或经验：某些企业可能对应聘者的特定技能或经验有较高要求，这些要求可能不在职位描述中明确列出，但通过面试评估可以了解到。

潜力和可塑性：一些企业可能更注重应聘者的潜力和可塑性，而非仅仅关注其现有的技能和经验。这通常意味着企业希望培养和发展员工，而不仅仅是利用他们现有的能力。

学历或专业背景：虽然这不是所有企业的要求，但一些企业可能更倾向招聘具有高学历或名校背景的应聘者。这通常与企业的品牌形象、人才战略或行业地位有关。

面试表现：除了简历和背景调查外，面试表现也是许多企业评估应聘者的重要因素。面试过程中的态度、沟通能力、应变能力等都可能影响最终的录用决定。

17 招聘岗位显性要求和隐性要求的区别是什么

招聘岗位的显性要求和隐性要求主要区别在于它们的可量化程度和表现形式。

了解岗位的显性要求和隐性要求的区别，对于大学生求职非常重要。除了满足职位明确列出的显性要求外，大学生还需要关注隐性要求，并在求职过程中展示自己相关能力和素质。这部分可以通过积极参与校园活动、实习项目、志愿服务等方式来积累经验和提升能力，同时也可以通过自我反思和职业规划来明确自己的优势和发展方向。在求职过程中，大学生还需要关注行业动态和企业文化，了解目标职位所需的隐性要求，并在简历、面试等环节中充分展示自己的相关能力和素质。

显性要求，也称客观要求

通常是可以明确量化或描述的要求，它们会直接出现在职位描述、招聘要求或企业政策中。这些要求通常是客观、具体的，比如学历要求、工作经验、专业技能证书等。显性要求是求职者必须达到的最低标准，是进入面试和考虑录用的基本条件。

隐性要求，相对更加主观和难以量化

它们通常不会直接出现在职位要求中，但却体现在企业文化、团队氛围和行业发展趋势中。隐性要求可能包括沟通能力、团队合作精神、创新能力、解决问题的能力、适应能力和领导力等。这些要求往往是通过面试、评估中心、社交媒体等渠道间接获取的，是评估求职者是否适合企业文化和团队氛围的重要因素。

【贴士】

显性要求是基础分，隐性要求是加分项。如何在所有达到基础条件的竞争者中脱颖而出，了解隐性要求显得更加重要。

18 招聘工作中有哪些隐性要求的例子

隐性要求的例子很多，它们通常与企业的文化、团队氛围、行业发展趋势和职位的实际工作内容等方面相关。了解并准备应对这些隐性要求可以帮助你在求职过程中脱颖而出，并更好地适应和融入公司和目标职位。

良好的职业道德和价值观：这包括诚信、责任感、敬业精神等，这些隐性要求通常会在面试和工作中通过应聘者的行为和态度来评估。

公司文化适应性：每个公司都有其独特的文化，这种文化可包括团队合作、创新、客户至上或持续学习等。在面试和工作中，公司会评估你是否能够适应并融入其文化。

沟通能力：有效的沟通对于任何职位都至关重要。隐性要求包括是否能够清晰、有逻辑地表达想法，以及倾听他人的意见并作出相应的反馈等。

解决问题的能力：面对挑战和问题时，如何思考并找到解决方案是一个重要的隐性要求。这需要应聘者展示他们的批判性思维、创造力和决策能力。

团队合作能力：在许多公司中，团队合作能力是一个重要的隐性要求。这包括与团队成员协作、分享资源和知识，以及共同为团队目标努力等。

持续学习能力：随着技术的不断发展和行业的快速变化，持续学习新知识和技能变得至关重要。企业希望看到应聘者有自我驱动学习的能力和愿望。

创新思维：对于许多行业来说，创新是一个关键的驱动力。隐性要求包括是否能够提出新的想法、挑战传统观念，并寻找更好的解决方案等。

高压环境的适应性：某些职位可能需要在高压环境下工作，如快节奏的项目管理或客户服务。在这种情况下，企业可能会评估应聘者是否能够在压力下保持冷静、高效和专注。

19 如何深入了解意向岗位的显性要求和隐性要求

在求职过程中，深入了解意向岗位的显性要求和隐性要求是非常重要的。显性要求通常包括职位描述中明确列出的技能、经验和资格等要求，而隐性要求则更多地涉及企业文化、团队氛围和行业发展趋势等。

以下是一些建议，帮助大学生更好地了解这些要求。

显性要求的了解方法

仔细阅读职位描述：了解该职位的主要职责、所需技能和经验等要求。这些要求通常会明确列在招聘信息中。

研究公司网站和社交媒体账号：了解企业的文化、价值观和业务范围。这些信息可以帮助你更好地理解职位与企业整体战略的关系。

与业内人士交流：寻找与目标职位相关的业内人士进行交流，了解该职位的实际工作内容、行业发展趋势以及所需的技能和经验。

隐性要求的了解方法

深入了解企业文化：通过查阅企业网站、社交媒体账号以及员工评价等信息，了解企业文化、价值观和团队氛围。这些信息可以帮助你判断自己是否适合该企业的工作环境和团队文化。

研究行业趋势和发展前景：了解目标职位所在行业的发展趋势、竞争态势以及未来发展方向。这些信息可以帮助你更好地把握职位的发展前景和个人成长空间。

寻求导师或职业顾问的建议：向导师或职业顾问咨询，了解目标职位的隐性要求以及如何更好地展示自己的优势和适应企业文化。他们可以根据你的背景和目标给予具体的建议和指导。

总之，大学生在求职过程中需要综合运用各种渠道和信息来源，深入了解目标职位的显性要求和隐性要求。通过仔细研究职位描述、企业文化和行业趋势等方面的信息，更好地准备面试、展示自己的优势，从而提高求职成功率。

20 企业怎么看待求职者的性别、容貌、户籍和家庭背景

根据法律法规和公序良俗，企业在招聘时应遵循公平、公正和

无歧视的原则。根据求职者的能力、经验和潜力来评估求职者是否适合某个职位，而不是基于性别、容貌、户籍或家庭背景等无关因素。这样的招聘策略有助于建立一个包容性强、多元化的团队，提高企业的竞争力和创新能力。

性别——平等机会：企业普遍承诺提供平等的就业机会，不因性别而歧视任何求职者。

容貌——专业职业：企业通常期望求职者保持整洁，这可能反映了他们的职业态度和专业性。

户籍——地域平衡：不应以求职者户籍所在地作为是否招聘的原因。

家庭背景——不歧视原则：企业不应该因求职者的家庭背景而做出任何歧视性的决定。

4 简历其实一点都不难

撰写一份合格的简历是大学生成功求职的第一步，也是至关重要的一步。简历主要包括两类信息：客观信息和主观信息。

▶ 客观信息

客观信息是简历的基础框架，主要包括姓名、出生年月、毕业院校、所学专业等。这些信息非常稳定，甚至一生不会改变，是企业了解你的第一手资料。

▶ 主观信息

主观信息是简历的核心部分，主要包括实习经历、项目经验、社团活动和自我评价（或称个人总结）等。

本部分重点介绍简历的总体框架，主要拆解简历中的客观信息以及常见错误、HR 关注的要素、容易被“秒杀”淘汰的内容，以及其他基础性问题，帮助大学生轻松掌握简历撰写的要点。

【贴士】

客观信息，往往是企业筛选人才的基础标准，即 60 分合格线标准，超过这个标准企业才会继续深入了解，很大一部分简历就止步于此。

主观信息，是体现人才之间存在差异的重点部分，也是是否给出面试机会的重要依据。

21 合格的简历包括哪些基本要素

简历是求职者的敲门砖，大学生需要掌握如何设计制作一份具有竞争力的求职简历，应该简洁明了、具有逻辑、重点突出，并能充分展示求职意愿和优势特长，这是获得更多面试机会的根本。

简历包括 9 个基本要素，各要素的具体命名、排版方式或表达形式不限。“远见者杯”评审简历的标准至少包含 5 个要素，方可作为“合格作品”。

基本信息：姓名、性别、最高学历、联系方式、照片等（说明：照片为可选，体现对求职的严肃态度）。

求职意向：应标有清晰的求职岗位，面对大型跨地区的招聘单位也可包括意向企业或意向城市（注意：应结合实际情况）。

教育背景：应为高等教育部分，包括学历、就读学校、专业等（说明：评估是否符合职位基本要求的重要依据）。

实习经历（类似）：曾经参与实习情况，包括公司名称、职位、时间、工作内容、职责与成果，以及重要收获等。

博士必备参与科研活动、技术探究研发的情况与成果。此项适用于以科研、技术开发为求职目标的毕业生。

技能能力：与求职目标岗位紧密相关的技能能力、专业特长、所获职业技能证书或职业资格等（注意：应突出重点，不应主观描述或罗列专业课）。

自我评价：高度概括的个人陈述，能体现较好地总结提炼能力和逻辑结构能力；向招聘者展示自身的职业目标和个人价值观，以便更好地了解职业追求和自我认知。

获奖情况：高等教育阶段中能体现技术能力或特长的奖励（注

意：应按照一定的逻辑顺序排列；如无特殊必要，不应包括中小学获奖情况）。

特色经历：如校内经历、学生组织工作、志愿者、参军、支边等求职者参与社会活动的经历（说明：命名方式、排版格式或表达形式均可自选）。

其他相关：有助于招聘单位快速了解求职者价值观、专业能力或兴趣爱好的经历或信息。

22　招聘企业对大学生求职简历的基本要求

一份优秀的简历应该简洁清晰、格式规范、内容真实、突出亮点、针对性强且准确无误。只有符合这些要求的简历，才能更好地展现应聘者的优势和潜力，提高获得面试的机会。

简洁清晰：简历应该简洁明了，避免冗余和无关紧要的信息。建议将简历长度控制在一到两页，突出重点信息，让招聘人员能够快速了解应聘者的核心优势。

格式规范：简历的格式应该规范整齐，避免出现排版混乱、字体不一致等问题。建议使用常见的简历格式，如时间倒序或技能分类，使招聘人员能够快速定位到关键信息。

内容真实：简历中的信息应该真实可信，避免夸大或虚构个人经历和能力。如果发现虚假信息，将会对应聘者的信誉产生不良影响。

突出亮点：在简历中突出自己的亮点和特长，如优秀的学术成绩、实习经历、社团活动等。这些亮点能够吸引招聘人员的眼球，提高应聘者的竞争力。

针对性强：针对不同的企业和职位，调整简历的内容和重点，突出与之相关的经历和能力，使简历更具针对性。

准确无误： 简历中的信息应该准确无误，包括个人信息、教育背景、工作经历等。任何错误或遗漏都可能导致招聘人员对应聘者的不信任。

23 HR 关注简历的哪些要素

个人信息： HR 首先关注的是基本个人信息，包括姓名、联系方式、电子邮箱等，这些信息需要准确无误，方便与你取得联系。

教育背景： HR 会关注你的学历、学校、专业等信息，以了解学术背景和专业知识。

实习经历： 实习经历是 HR 非常看重的一个部分，它会反映出你在工作中的表现、能力和态度。因此，你需要详细描述你的实习经历，包括实习公司、职位、工作内容、成果和贡献等。

技能特长： HR 会关注你所具备的技能和特长，特别是与职位相关的技能和证书。这些技能证书能够证明你的专业能力和职业素养。

项目经历： 如果你参与过重要的项目，那么 HR 会关注你的项目经历，包括项目背景、你的角色和贡献、项目成果等。这些信息能够反映你的团队协作能力和问题解决能力。

获奖情况： 如果你获得过一些重要的奖项或荣誉，那么 HR 会关注这些获奖情况，因为它们能够证明你的优秀表现和能力。

自我评价： HR 会关注你的自我评价，以了解你对自己的认知和评价。你需要写出真实、客观、积极的自我评价，以展现你的自信和职业素养。

兴趣爱好： 虽然兴趣爱好在简历中所占权重不高，但是 HR 仍然会关注它们，因为它们能够反映出你的性格特点和价值观。你可以简要描述一些与职位相关的兴趣爱好。

其他信息：除了以上要素外，HR 还可能关注其他信息，如你的语言能力、社交能力、领导力等。这些信息能够进一步丰富你的个人形象，提升你的竞争力。

24 在撰写简历时，如何平衡简洁明了与展示全面信息的关系

在撰写简历时，平衡简洁明了与展示全面信息是一项挑战，但以下策略可以帮助你实现这一目标。

第一，明确目标与定位

首先，你需要明确自己的求职目标和职业定位。这有助于你筛选和整理信息，确保简历中只包含与目标职位相关的关键信息。

第二，精简内容

使用简洁的语言，避免冗长和复杂的句子，尽量使用明确的词汇和短语。使用清晰的格式和合适的字体、行间距和段间距，确保简历易于阅读。尽量将简历篇幅控制在一页或两页内，以便招聘者能够快速浏览。

第三，突出关键信息

突出个人优势：在简历中突出你的专业技能、工作经验和成就，以便让招聘者快速了解你的价值。

使用关键词：针对目标职位，使用相关的关键词和术语，提高

简历的匹配度。

量化成果： 尽量使用具体的数据和实例来展示你的工作成果，使信息更具说服力。

第四，合理组织信息

按重要性排序： 将最重要的信息放在简历的顶部，如个人信息、求职意向、教育背景、工作经验等。

分块呈现： 将简历内容分为不同的板块，如教育背景、工作经历、项目经验等，使信息结构清晰。

避免冗余： 避免重复提及相同的信息，确保简历内容简洁明了。

第五，定期更新调整

随着你的职业发展和经验的积累，简历也需要不断更新和调整。确保简历始终反映你的最新情况和能力，以便在求职过程中保持竞争力。

【贴士】

在撰写简历时，要注意平衡简洁明了与展示全面信息的关系。通过明确目标、精简内容、突出关键信息、合理组织信息和定期更新调整，你可以写出一份既简洁又全面的简历，提高求职成功率。

25 吸引人的简历具备哪三个特点

在条件基本符合的情况下，大部分没有得到回应的简历（即没有得到面试机会），其原因在于简历本身不能很好地体现出与职业的匹配性，一份好的简历应该具备以下三个特点：

第一，简洁清晰明了，避免错误

简历内容要简洁、清晰、有重点，避免空洞或过于庞杂，避免出现错别字、格式混乱这类低级错误。应届生建议使用合适的简历模板，将相关内容填充进去，确保简历看起来专业且有条理。如果简历内容杂乱无章，HR 往往扫一眼就会放弃。

第二，针对性强，量身定制

应届生常见的错误是用一份通用简历“海投”所有岗位。不同岗位有不同的要求，在简历中强调与应聘岗位相关的经验和技能，相关的学习经历、校园活动和社会实践，以及符合企业文化的个人品质和态度，这样才能让用人单位觉得你是他们需要的人才。

第三，有说服力，突出成果

简历中突出在实践中取得的成果，这可以让企业更加认可候选人的能力和价值，具体包括获奖情况、奖学金、职业资格或职业技能等级、实习经历、项目经历等，重点突出与应聘岗位相关的工作内容，证明你有类似经验且能胜任该岗位。简历的目的要尽可能说服 HR 给你进入下一轮的机会。

【贴士】

请记住，是一个“陌生人”在筛选简历。

通常情况下，筛选简历决定是否面试的 HR 是不认识你的，不像你的班主任、辅导员那样了解你，他们只能通过简历来了解你。

26 实践中，哪些简历会直接被淘汰

企业在招聘过程中通常会反感那些格式不规范、内容冗长、缺乏针对性、夸大或虚假信息、存在错别字和语法错误以及缺乏亮点和成果展示的简历。因此，大学生在撰写简历时应该注重规范性和针对性，突出自己的实际能力和成果，避免使用夸大或虚假的信息，认真编辑和校对简历，确保简历的专业性和易读性。

在筛选简历时，除了硬性条件不符合外，还有因各种原因而显得不够专业、不够吸引人或者缺乏重点的简历。以下是一些容易被直接淘汰的简历存在的共性问题：

格式不规范：简历的格式应该清晰、简洁，并遵循一定的规范。如果简历的格式混乱、排版不整齐，或者使用了过于花哨的字体和颜色，会留下不专业的印象。

内容冗长：简历应该简洁明了，突出重点。如果简历内容过于冗长，包含大量无关紧要的信息，或者重复列出相同的经历和技能，会让企业觉得缺乏重点，难以快速了解求职者的核心优势。

缺乏针对性：简历应该针对目标职位和企业进行定制，突出与之相关的经验和技能。如果简历缺乏针对性，没有展示出求职者对目标职位和企业的了解和匹配度，会让企业觉得求职者缺乏诚意和专业性。

夸大或虚假信息：求职者在简历中夸大或虚假描述自己的经历和能力，一旦被企业发现，会严重损害求职者的信誉和形象。任何企业都会注重诚信和真实性，避免使用夸大或虚假的信息来提升自己的竞争力。

错别字和语法错误：简历中存在错别字和语法错误，会让企业觉得求职者缺乏认真和细致的态度。这些错误可能会让企业对求职者的专业能力和素质产生怀疑。

缺乏亮点和成果展示：简历应该突出求职者的亮点和成果，展示其在实际工作中的表现和价值。如果简历缺乏亮点和成果展示，只是简单地列出工作经历和职责，会让企业觉得求职者缺乏实际能力和成果。

27 实践中，HR 不喜欢什么样的简历

企业HR不喜欢的简历主要包括无效信息过多、求职意向不清晰、实习经历描述不具体、内容同质化严重以及缺少成果展示等。大学生在撰写简历时，要避免这些问题，突出重点，展示个人优势，提高求职成功率。

其一，无效信息过多

问题：简历里写了很多与求职无关的信息，比如星座、体脂率、血型，甚至还有求职者把 MBTI（迈尔斯 • 布里其格斯类型指标）写上去。除非企业特别相信玄学，否则这些信息毫无意义。

改进建议：正常求职时，简历的基本信息中只需要写清楚姓名、手机号、邮箱、年龄和求职意向就够了。其他无关信息一律删除，让简历更简洁明了。

其二，求职意向不清晰

问题：有些简历的求职意向写得非常模糊，比如把市场策划和运营混在一起写，甚至写一个该企业并不存在的岗位。这样会让面试官觉得你目标不明确，或者对行业不了解，求职的用心程度不够等，

进而对求职者进入岗位后的专业性存有疑虑。

改进建议：求职意向要写得具体且有针对性。你可以写几个同类且关联性强的岗位，比如新媒体运营、内容编导、内容策划等。这样不仅能让面试官看到你的多面性，还能体现你对整个业务流程的理解。

其三，实习经历描述不具体

问题：很多简历在描述过往经历时，只是简单罗列做了什么，用一些很空泛的词汇或列出一些远远超过行业共识的成果，比如“得到了一致好评”“为单位提出新的发展战略”，却没有具体说明取得了什么样的业绩成果。

改进建议：写实习经历时，不要写流水账，要突出工作内容和成果，最好是可以量化的成果。比如“通过认真分析并执行推广策略，使产品销售额提升了 30%”。然后再写具体的实现方法，比如“针对 ×× 进行了市场调研，对比分析了目标客户群体，提出了 ×× 建议”。这样能让面试官清楚地看到你的能力和价值。

其四，内容同质化严重

问题：很多简历的自我评价部分写得千篇一律，比如“熟练使用 Office”“执行力强”，完全没有个人特点，面试官看了也很难记住。

改进建议：自我评价部分要突出个人特色、能力以及与所求职行业、岗位的匹配度，用具体事例来支撑你的观点。避免使用空洞的套话，面试官无法感受到你的独特之处。

其五，缺少成果展示

问题：很多简历中没有附上具体的成果或作品展示，尤其是对于高意向的岗位，没有准备针对性的作品来提升竞争力。

改进建议：简历中最好加上自己的成果展示或作品链接。比如，设计作品、文案作品、项目报告等。对于特别有意向的公司岗位，提前准备一份针对性作品，用它来争取面试机会。比如，如果你应聘设计岗位，可以附上自己的设计作品集；如果应聘文案岗位，可以附上自己写过的优秀文案。

28 有什么方法可以提高简历的质量

提高简历质量需要注重简历内容的规范性、针对性、真实性、亮点和成果展示以及关键词使用等。通过认真撰写和不断完善简历，可以增加获得面试的机会。

规范格式：确保简历的格式清晰、简洁并遵循一定的规范。使用常见的字体和字号，保持排版的整齐和一致。可以参考一些优秀的简历模板来设计自己的简历。

精简内容：避免简历内容过于冗长，删除无关紧要的信息，突出展示自己的核心优势和与目标职位相关的经历、技能。可以通过使用粗体、斜体或下划线等方式来强调关键信息。

提高针对性：在撰写简历时，要针对目标职位和企业进行定制。研究目标职位的要求和企业文化，突出展示与之相关的经验和技能。可以在简历中提及目标企业的名称或行业，显示自己对企业的了解和兴趣。

保持真实：避免在简历中夸大或虚假描述自己的经历和能力。诚信是求职过程中最重要的品质之一，企业更加关注求职者的诚信和专业能力。

校对和编辑：认真校对和编辑简历，确保没有错别字和语法错误。可以使用拼写检查和语法检查工具来辅助校对，或者请朋友或老师帮忙检查。一个干净、整洁的简历会给企业留下良好的印象。

突出亮点和成果：在简历中突出展示自己的亮点和成果，展示自己在实际工作中的表现和价值。可以使用具体的数字和量化数据来展示成果，或者提供具体的案例和项目经历来支持自己的陈述。

适当使用关键词：在简历中适当使用与目标职位相关的关键词，提高简历在招聘系统中的可见度。可以通过研究目标职位的要求和企业文化来确定关键词，并在简历中合理使用。

29 对简历的字体、字号、照片有什么要求

企业对简历的格式本身没有实质性要求。一份整洁、美观且易于阅读的简历，可以提升求职者的形象和竞争力。

字体选择

宋体：常用于中文简历的正文部分，因为它清晰易读，适合大多数人的阅读习惯。

黑体：常用于标题或小标题，因为它醒目、有力量感，能够吸引阅读者的注意力。

微软雅黑：这是一种常用的屏幕显示字体，适用于电子版简历，但在打印时可能效果不佳。

Times New Roman 和 Arial：这两种字体常用于英文简历，因为它们在国际上被广泛接受。

字号大小

标题：一般使用较大的字号，如二号或三号，以突出重要性。

正文：一般使用小四号或四号字，以保证内容的清晰度。

板块标题：一般比正文大 1 ~ 2 号，以区分不同的内容板块，也可加粗或使用醒目但不刺眼的颜色。

照片要求

规格要求：照片规格通常为近期正面免冠彩色，避免使用红底。

着装要求：衣服的颜色不能与照片底色相近，应穿着干净整洁的服装。

表情与妆容：照片中的表情应自然、大方、得体，可以化淡妆，但避免过于浓重或夸张的妆容。

清晰度：照片应清晰，能够清晰地看到求职者的面貌和轮廓。

格式要求

文件类型：建议最好用 PDF 格式，确保在不同设备和操作系统上的兼容性，使简历文件打开效果是稳定的，不会造成版面混乱的情况。

排版整洁：简历的排版应整洁、清晰，避免出现乱码或格式错误。

行距和段落间距

行距：保持适当的行距，通常使用 1.5 倍行距或固定值 20 ~ 22 磅，使简历内容更加清晰易读。

段落间距：在不同的段落或板块之间保持适当的间距，以区分不同的信息块，并增强可读性。

对齐和缩进

对齐：确保简历中的文本、标题和列表等内容都使用统一的对齐方式，通常是左对齐。

缩进：使用适当的缩进，使段落结构更加清晰，增强可读性。

空白和排版元素

空白：在简历中适当使用空白区域，避免内容过于拥挤或密集。空白区域可以突出关键信息，使简历更加美观和易于阅读。

排版元素：可以使用简单的线条、分隔符或色块来分隔不同的信息块，使简历更加有层次感和组织性。

其他注意事项

避免使用特殊字体：特殊字体可能导致 HR 在阅读电子版简历时出现乱码或无法正确显示的问题。

保持一致性：简历中相同层次的字体、字号和格式应保持一致，以增强整体简洁性。

简洁明了：避免使用过于花哨的字体或过多的图形元素，保持简历的简洁和易读性。

30 撰写简历应注意哪些问题

撰写求职简历时应保持细心、专业和具有针对性，避免出现错误，确保简历能够准确、清晰地展示你的能力和经验，增加获得面试机会的可能性。大学生在撰写求职简历时，应避免以下常见错误。

联系信息缺失：有部分简历缺少联系信息，或没有完整的联系信息，导致企业无法与求职者有效联系。联系信息至少应包含电话和邮箱。

拼写和语法错误：简历中不应出现任何拼写错误或语法错误。这会给招聘者留下不专业、不细心的印象。

格式不统一：简历同一版块应使用统一的字体、字号和格式，避免使用过多的颜色、图形或装饰元素，确保简历简洁、易读。字体最好不超过 2 种，最小的字号建议为小四号或四号。

过长或过于简略：简历应控制在一页，最多不应超过两页，避免过长。同时，也不应过于简略，以至于无法充分展示你的能力和经验。

使用过于技术性或不相关的术语：避免使用过于专业或技术性的术语，除非它们对所申请的职位是必要的。使用简洁明了的语言来描述你的经验和技能。

不清晰的职责和成就：在描述工作经历和项目经验时，应清晰地列出你的职责和所取得的成就。使用动词和量化数据来强调你的贡献和成果。

不准确的日期：确保简历中列出的教育经历、工作经历和其他时间信息准确无误。任何错误或不一致的日期都可能引起雇主的疑虑。

缺乏关键信息：确保简历中包含所有关键信息，如姓名、教育背景、工作经验和技能等。不要遗漏任何重要的细节。

过于个性化或情绪化的描述：避免使用过于个性化或情绪化的描述，保持客观和专业，让简历更侧重你的能力和潜力。

不相关的经历：避免在简历中列出与所申请职位不相关的经历。保持简历的针对性和相关性，突出你的核心优势。

缺乏具体成果和量化数据：在描述工作经验和项目经验时，尽量提供具体的成果和量化数据。这有助于雇主更好地了解你的实际能力和对工作的贡献。

通用化：针对每个职位定制简历，强调与该职位最相关的经验和技能。不要使用一份通用的简历来申请所有职位，这样会降低你的竞争力。

校对和审查：在提交简历之前，务必进行校对和审查，确保简历中没有拼写错误、语法错误或格式问题。可以请朋友或导师帮忙检查，以提高简历的质量和专业度。

5

简历三大关键要点
——个人技能、自我评价与实习经历

上章总体介绍了撰写一份合格简历的总体框架和其中的客观信息，本章重点解读主观信息。其难点在于如何在主观信息中体现出个人的综合能力及优势，以及与招聘单位的企业文化和岗位要求精准匹配的内容。

主观信息是简历的核心部分，主要包括实习经历、项目经验、社团活动和自我评价（或个人总结）等，这部分内容体现了求职者的逻辑思维、行业通识、工作能力与成果以及职业发展潜力等综合要素，这是企业最关注的部分。

主观信息是体现人才之间差异的重点部分，也是企业决定是否给出面试机会的重要依据。这部分需要“优化”“微调”，是简历最核心的部分。

31 如何撰写个人技能

个人技能部分经常被忽视，许多大学生都会随便在一些所谓的模板里摘抄一些通用的复制到自己的简历中。

实际上，在简历中写出亮眼且实用的技能描述，是展示个人工作技能与素养的关键环节。一些大学生在撰写技能描述时容易陷入误区，例如简单地罗列“熟练使用 Office”等。一方面，这样的描述过于笼统，无法体现你的实际水平；另一方面，有些技能已经是通用基本能力，并不足以吸引 HR 的关注。

撰写要点：撰写个人技能绝不能闭门造车，应该按照“三结合、一体现”的原则。具体是，紧密结合时代技术发展、结合行业发展趋势、结合求职岗位核心能力；体现个人特色优势，如实习经历、课题经历、学习能力等。只有这样，才能让你的简历脱颖而出，吸引 HR 的注意。

结合时代技术发展

关注新兴技术：例如人工智能、大数据、云计算、区块链等，了解这些技术的基本原理和应用场景，并将其融入到你的技能描述中。

学习热门工具：例如 Python、Tableau 等，这些工具在各个行业都有广泛的应用，掌握这些工具可以提升你的竞争力。

关注技术趋势：例如数字化转型、智能化升级等，了解这些趋势对行业的影响，并将其融入到你的技能描述中。

结合行业发展趋势

了解行业动态：关注行业新闻、研究报告等，了解行业的最新发展趋势和人才需求。

分析岗位需求： 仔细阅读目标岗位的职位描述，分析岗位所需的技能和经验，并将其融入到你的技能描述中。

突出行业相关技能： 例如应聘互联网行业，可以突出你的编程能力、数据分析能力、产品思维能力等。

结合求职岗位核心能力

分析岗位核心能力： 例如应聘销售岗位，核心能力可能是沟通能力、谈判能力、客户关系管理能力等。

突出相关技能和经验： 例如，描述你曾经成功说服客户达成交易的经历，或者曾经维护客户关系并提升客户满意度的经验。

使用关键词： 根据目标岗位的核心能力，使用相关的关键词来描述你的技能，例如“客户关系管理”“市场分析”“商业谈判”等。

体现个人特色优势

回顾过往经历： 此部分最好与实习经历相结合，这样在面试中介绍实习经历时可以突出在具体案例中的表现，仔细思考你在学习、实习、项目实践等经历中，哪些方面表现得比较好，例如学习能力强、沟通能力好、团队合作意识强等。

进行职业测评（或职业人物访谈）： 例如借助多模态的方式与AI进行对话挖掘，使用职业测评工具帮助你了解自己的性格特点、职业兴趣和能力优势；也可以与求职意向岗位相关的人进行交流、请教，往往有一定职场经验的人士可以通过你叙述的经历挖掘出职业、岗位所需要的亮点。

寻求他人反馈： 向身边所有人请教，了解他们对你的评价，从中发现你的优势。

32 如何撰写自我评价

简历中自我评价的核心作用是让面试官快速了解你，所以又被称为“微简历”。这里的重点是简洁明了地突出自己的优势、能力和潜力，同时结合求职岗位的特点，让 HR 快速了解你是否适合这份工作；而不是展示自己个人兴趣爱好等与工作无关的内容。

共性要求：自我评价部分应紧密结合求职意向，用简练的语言突出个人优势，具有真实性、具体性，用数据和事实说话，匹配岗位，避免空洞和夸大。

简洁明了，突出重点：自我评价应控制在 3 ~ 5 行，80 ~ 120 字，避免冗长，直接突出与求职岗位相匹配的核心优势和技能。

结合岗位，突出优势：应仔细阅读岗位描述，提取关键技能和要求。围绕目标岗位的任职要求（JD），提炼自身与之相关的技能、经验及软实力。

提炼实习经历，运用 STAR 法则：通过与实习经历等结合、互补或相互支撑，合理运用 STAR 法则来体现内在价值观、综合素质、软能力、发展潜力等内容。

【贴士】

自我评价的常见错误：只靠通用模板或格式化内容，使用千篇一律的模板化语言或空洞词汇，甚至用与职业发展无关的内容来填充。

33 实习经历为何重要，简历中的实习经历有哪些常见问题

在简历中，实习经历是招聘方最为关注的部分之一，是大学生求职过程中不可逾越的一部分。

实习不仅能让大学生将所学理论知识应用到实际工作中，还能帮助他们了解职场环境，积累实际工作经验，培养职场意识和技能。同时，实习也是求职者展示自己能力和潜力的重要途径。通过实习，他们可以学习到工作中的基本技能，如沟通、协调、团队合作等，还能在实践中认清自己的性格特点和优劣势，为未来的职业规划提供指导。

大学生求职者在撰写实习经历时常见的问题有：

（1）缺少实习经历，没有内容可以写；

（2）有实习经历，但与应聘职位相关性不大，有的实习完全是为了应付考核；

（3）有实习经历，但实习内容以打印、复印、跑腿等琐碎的工作为主，缺乏技术含量，也没有取得实质性成果；

（4）有具有亮点的实习经历，但因为没有掌握表述方法，经历被描述得平淡无奇。

实习经历的质量与数量都是招聘方考虑的因素。建议大学生在找工作前至少完成两份相关岗位的实习，这样可以增加自己的竞争力。同时，通过多次实习，大学生也可以更好地了解自己的职业兴趣和方向，为未来的职业发展打下坚实的基础。

通过实习，大学生可以积累实际工作经验，培养职场意识和技能，提高自己的竞争力。在撰写实习经历时，需要注意实习的质量和数量，并选择合适的表述方式来展现自己的成果和收获。

34 企业如何看待实习经历，哪些可以获得加分

企业更看重的是候选人的综合素质和潜力。因此，候选人在实习或社会实践中应该注重质量而非数量，选择与职位相关的经历，并努力展现出自己的能力和潜力。同时，在其他方面如学历、技能、个人素质等方面也要不断提升自己，综合提高自己的竞争力。

第一，企业如何看待实习经历或社会实践

重视质量而非数量：企业更关注实习经历或社会实践的质量，而非简单的数量。如果候选人在实习或社会实践中能够展现出优秀的能力、积极的态度和明显的成长，即使经历不多，也会得到企业的认可。

与职位的相关性：实习经历或社会实践与应聘职位的相关性也是企业考虑的重要因素。如果候选人的实习或社会实践经历与应聘职位紧密相关，能够展示出对应职位的适应能力和专业技能，那么这些经历将会得到更高的评价。

综合评估：企业会综合考虑候选人的实习经历或社会实践与其他方面的表现，如学历、技能、个人素质等。这些经历只是候选人综合素质的一部分，而非决定性因素。

第二，可以获得加分的实习经历或社会实践

与职位紧密相关的经历：如果候选人的实习经历或社会实践与应聘职位紧密相关，能够展示出对应职位的专业技能和经验，那么这些经历将会获得加分。注意紧密相关不限于是相同岗位，可以从已经实习的经历中提取与求职意向相关的技能或素养，或表现出对

自身综合能力的提升。

有亮点的经历：在实习或社会实践中，如果候选人能够展现出独特的见解、创新的思维或突出的成果，这些亮点将会让候选人在众多候选人中脱颖而出，获得加分。

持续性和深入性：如果候选人在同一实习岗位或社会实践项目中能够持续深入地参与并有所成长，这种持续性和深入性也会得到企业的认可，并为候选人加分。

团队合作和领导能力：在实习或社会实践中，候选人展现出的团队合作能力和领导能力也是企业非常看重的。如果候选人能够积极参与团队工作，协调沟通，或者能够带领团队完成项目，这些经历都会为候选人加分。

35 在撰写简历时，实习经历的表述有哪些注意事项

这个部分是最重要的，也是难度最大的部分之一，可以体现求职者的综合表达能力、逻辑能力和工作认知以及相关技能。

大学生在撰写求职简历时，对于实习经历或社会实践部分，应该注重真实性、具体性、相关性、成果与贡献、时间线、反馈与评价、格式与排版、突出亮点。通过精心撰写这部分内容，可以使用 STAR 法则，以充分展示你的实际经验和潜力，增加获得面试机会的可能性。

当大学生在撰写求职简历时，对于实习经历或社会实践部分，有几个关键的注意事项。

真实性：确保你描述的实习经历或社会实践是真实发生的。不要夸大或虚构你的经验。如果被发现不真实，将严重损害你的职业

声誉。

具体性：详细描述你在实习或社会实践中承担的具体任务和责任。使用动词和量化数据来强调你的实际成果和对工作的贡献。

相关性：选择与申请职位最相关的实习或社会实践经历进行描述，突出那些能够展示目标职位所需技能和经验的经历。

成果与贡献：强调你在实习或社会实践中取得的成果和贡献。例如，你可以描述如何帮助公司节省成本、提高效率或实现其他具体目标的经历。

时间线：提供实习或社会实践的准确时间线，包括开始和结束的日期，以及每周或每月的工作时长。

反馈与评价：如果可能的话，提供实习导师或社会实践领导对你的反馈和评价，这些可以作为工作能力和职业态度的有力证明。

格式与排版：使用清晰、简洁的格式来描述实习经历或社会实践，确保文本、标题和列表等内容都使用统一的对齐方式；使用项目符号或编号列表来组织信息，使其易于阅读和理解。

突出亮点：在描述实习经历或社会实践时，突出那些与职业目标和申请职位最为相关的亮点，避免提及与申请职位无关或无法证明能力的经历。

36 必须掌握的 STAR 法则，简历、面试都靠它

STAR 法则是一种广泛用在求职面试、团队管理、沟通技巧和问题解决等领域的行为描述和评估的方法。在大学生撰写简历的实

习经历部分时，STAR 法则是一种非常有效且实用的方法。通过运用 STAR 法则，大学生可以在求职简历中更加清晰、有条理地呈现自己的实习经历，更好地展示个人的能力和成果，从而增加简历的吸引力和竞争力，提高求职成功率。

STAR 法则在面试中不仅可以帮助大学生精心撰写简历中的实习经历，同样在回答面试问题中也能大显身手。当面试官提问时，运用 STAR 法则来组织答案，能够使回答更加条理清晰，逻辑严密，从而给面试官留下深刻印象。

STAR 法则核心思想是将复杂问题和情景分解为四个部分。以下是运用 STAR 法则在撰写实习经历和回答面试问题时的要点或技巧。

Situation（情境）：描述实习背景。首先简要介绍实习的公司、岗位以及实习期间的主要任务，例如“在 ×× 公司的市场部实习期间，我主要负责新产品的市场推广工作。”

突出特殊环境或挑战。如果实习期间遇到特殊的项目或挑战，可以在此部分提及，为后续的 Task（任务）和 Action（行动）做铺垫。

Task（任务）：明确具体职责。详细描述在实习期间承担的具体任务和工作内容，例如“我负责市场调研、制定推广策略以及执行具体的推广活动等。”

强调与岗位相关性。选择与应聘岗位最相关、最能体现个人能力的任务进行描述，以增加简历的针对性和吸引力。

Action（行动）：描述具体行动。详细介绍在完成任务时所采取的具体行动和策略，例如“在市场调研中，我采用问卷调查和访谈的方式收集数据；在制定推广策略时，我结合市场趋势和竞品分析，提出了创新的推广方案。”

突出个人能力和特点。在描述行动时，强调个人的专业技能、创新思维、解决问题的能力等，以体现个人价值。

Result（结果）：量化成果。尽量用具体的数据或成果来量化实习期间的收获，例如“通过我的努力，市场调研数据更加准确全面，推广活动取得了良好的效果，新产品的销售额增长了 X%。”

强调对公司的贡献。除了个人的成长和收获，也要强调实习经历对公司或团队的贡献，体现个人价值的同时，也展现对公司的忠诚和责任感。

使用 STAR 法则需要注意的要点

真实性：确保所描述的实习经历真实可靠，避免夸大或虚构。

简洁明了：尽量用简洁明了的语言描述实习经历，避免冗长的句子和无关紧要的细节。

针对性：根据应聘岗位的要求和公司的特点，有针对性地选择和突出实习经历中的相关内容和成果。

37 应该如何准备简历和面试，避免“三无简历”

“三无简历”有很多种解释，包括缺少实习经历、社团经历、获奖、职业技能认证等，总体而言是指应届毕业生的简历缺乏亮点，导致简历显得平庸、缺乏吸引力。这种现象是较为普遍的，许多刚毕业的大学生都面临这样的困境。

这种情况，可以通过以下方法准备撰写简历和面试，让简历变得有亮点、有说服力。

脚踏实地，不好高骛远，发挥比较优势

求职时首先应脚踏实地，在积极争取时又不好高骛远——HR 筛选简历都是“火眼金睛”，能够快速判断简历是否符合要求，好高骛远投递远超过自身情况的岗位是很难得到面试机会的。求职者应首先找与自己现有水平相吻合或高一档的岗位，这样能充分发挥自己的绝对优势和比较优势。

对照岗位 JD 撰写简历

岗位 JD 主要介绍岗位职责。对照岗位 JD，一是要比较工作内容去回顾自己的经历是否有相匹配或相近的经历，如果有则尽量去挖掘具体情况和成果；二是要比较招聘要求，首先对比硬性条件，某些核心技能是否具备（一般硬性条件是入门资格），其次考量柔性能力，柔性能力是优先的条件，可以针对岗位介绍的每一条内容去对应你的实习经历扩展优化你的简历（此部分请参考本书“如何分析、对照岗位任职要求（JD）撰写简历”）。

有针对性去深化或提炼

即使没有实习或社团经验，也可以把课堂项目、小组作业等学习实践或社会活动进行类比和提炼，这里不是教你去“编造”，而是深化或提炼，是通过挖掘具有相似性的经历，去挖掘其中的内核。比如，将一次课程设计实践当作是“一次产品设计”，其中的设定目标、已有基础、限制约束性条件、讨论或组织过程都有极高的相近性。这需要自己去挖掘，并且通过挖掘可以使能力进一步提高。

一周内补足“短板”——持续学习与自我提升

企业在校招时虽然知道大学生毕业时的基本情况，但主观能动性、可塑性和负责的精神态度是企业更为看重的。在求职意向较为

明确的基础上，可以通过以下方法在一周内补足“短板”，该方法对工作中解决遇到的任何新挑战同样适用。

毕业年级的同学，请放下一切娱乐，选择 3 个关键词，在一周内阅读 50 ~ 100 份相关的行业报告或论文等有深度的专业文章，最好选择其中的一些表格、图表进行可视化处理或重做，以达到深入研究并取得实际效果——按照 STAR 法则将阅读的目的、过程、收获和成果作为“行业探究”写进简历。这样不仅可以优化自己的简历，而且可以增强自己的专业知识，从而在面试中乃至以后的工作中使自己都具有一定优势。

还有两年毕业的同学，请保持对该领域的持续关注和学习。最好可以每周阅读一份行业报告，还可以通过参加行业会议、研讨会或讲座，不断更新自己的知识和技能。只要你愿意付出努力和时间，你仍然有机会从事自己感兴趣的领域。

【贴士】

最重要的是，展示你对该领域的热情和决心。对自己负责，真实比一切都重要。同学们不要试图编造！工作是一个时间线，即便通过面试，往往在试用期中也会暴露一些问题，甚至导致离职。

38 如何利用有限的实习经历提升求职竞争力

有限的实习经历并不意味着在求职时缺乏竞争力。相反，通过巧妙的方法和策略，你可以充分利用这些经历来提升自己的求职竞争力。

深入挖掘实习经历：仔细回顾你的实习经历，思考你在其中承担的角色、完成的任务、面临的挑战以及取得的成果。分析这些经历对你个人成长和职业能力的提升有何影响，提炼出有价值的经验和教训。

展示具体成果和贡献：在简历和面试中，用具体的数据和实例来展示你在实习期间取得的成果和贡献，可以是完成的项目、提高的效率、解决的问题等，以证明你的能力和价值。

强调技能和能力：分析实习经历中涉及的技能和能力，如沟通能力、团队协作能力、解决问题能力等。在求职过程中，强调这些技能和能力与应聘职位的匹配度，让招聘者看到你的优势。

持续学习和提升：利用业余时间，对自己在实习中暴露出的不足，进行有针对性的学习和提升，可以通过参加课程培训、阅读专业书籍、参与行业活动等方式，不断提高自己的专业水平和竞争力。

建立人脉关系：在实习期间，与同事和上级建立良好的关系，他们可能成为你未来的职业导师或推荐人。利用社交媒体和行业活动，扩大人脉圈子，获取更多的职业机会和信息。

制定明确的职业规划：根据自己的兴趣、能力和市场需求，制定明确的职业规划。通过实习经历，不断调整和完善职业规划，确保自己朝着目标前进。

展现自信和积极的态度：在求职过程中，保持自信和积极的态度。相信自己的能力和价值，勇于展示自己的优势，同时保持开放和学习的态度，不断吸收新知识和总结经验。

通过以上方法，你可以充分利用有限的实习经历来提升自己的求职竞争力。记住，每个经历都是一次学习和成长的机会，关键在于你如何从中汲取经验和教训，并将其转化为自己的优势。

6

面试和笔试的常见问题

本章围绕面试和笔试的常见问题展开，涵盖面试轮次、自我介绍、面试问题背后的实质、应对难题的策略、笔试准备、面试中的现场反应和谈吐、面试礼仪、服装要求以及无领导小组面试等内容。通过详细分析每个环节的关键要点和实用建议，帮助大学生在面试和笔试中更好地展示自己的能力和素质，提高求职成功率。

39 一般会有多少轮次面试或笔试

企业面试的轮次因公司规模、招聘职位、招聘流程等多种因素而存在差异。需要注意的是，不同的公司可能会有不同的面试流程和轮次设置。有些公司可能会将技术面试和业务面试合并为一轮，或者设置更多的面试轮次。因此，具体面试轮次还需根据企业的具体情况而定。一般来说，企业面试可以分为以下几个轮次：

初试 / 初面： 这是第一轮面试，通常由 HR 或招聘团队进行。这一轮面试主要是为了筛选出符合岗位要求的候选人，了解候选人的基本情况、求职动机、沟通能力等。

技术面试： 对于需要专业技能的职位，如技术岗位、研发岗位等，通常会进行技术面试。这一轮面试通常由技术团队或部门负责人进行，主要考查候选人的专业技能、项目经验、解决问题的能力等。

业务面试： 这一轮面试通常由业务部门负责人或相关人员进行，主要考查候选人对业务的理解、业务经验、业务规划等方面的能力。

终审 / 终面： 这是最后一轮面试，通常由公司高层或决策者进行。这一轮面试主要是为了确定最终录用的候选人，了解候选人的综合素质、领导能力、职业规划等。

40 面试中第一个问题的回答框架是什么

面试中的自我介绍往往是面试第一问，是给面试官留下第一印象的关键环节，它能让面试官快速了解你，并为后续提问提供方向。

用人单位希望通过自我介绍快速了解你的背景、能力和与职位的匹配度。因此，自我介绍需要简洁明了，要在短时间内塑造出一个清晰的个人形象，逻辑分明，突出重点，避免冗长或无关信息。

大学生面试中的自我介绍最常见的错误有以下几种，一是“默默不闻，请你猜”，二是“倒背如流，背简历”，三是“谈天说地，没重点”，四是“吞吞吐吐，挤牙膏”。这都是非常不可取的，请注意“避雷”。

第一，明确自我介绍的结构

自我介绍通常控制在 1 ～ 3 分钟，建议采用“三段式”，结构逻辑清晰，便于面试官快速抓住重点。第一段，“我是谁”感谢面试机会、简要介绍基本信息、表达意愿、说明原因、突出亮点、应不超过 30 秒；第二段，“为什么要用我”重点阐述与应聘职位相关的经历和能力，突出你的优势和亮点，可在 60 ～ 90 秒；第三段，“选择我，我能做出成绩”表达对工作的热忱、责任感和未来的职业规划，可在 30 秒左右。

第二，突出与职位相关的经历和能力

用人单位最关心的是你是否具备胜任岗位的能力。你可以结合实习、项目或社团经历，具体说明你做了什么、取得了什么成果，以及这些经历如何帮助你提升相关技能。例如，应聘市场营销岗位时，可以提到你曾策划的校园活动，如何提升了参与人数或品牌曝光度。

第三，展现你的职业态度和潜力

用人单位不仅看重你的现有能力，还希望看到你的学习能力和职业发展潜力。你可以简要说明你对行业的理解、对岗位的热情，以及你未来的职业目标。例如，你可以说“我对互联网行业充满兴趣，希望在未来三年内深耕产品运营领域，成为独当一面的专业人才。”

第四，注意仪态、语速、语气和用词

自我介绍时要保持自信的微笑和眼神交流，语速适中，声音清晰。避免使用过于复杂的词汇或过于随意的表达，同时注意控制时间避免过长或过短。

第五，注意与面试官互动

自我介绍是面试的开场，目的是引导面试官对你感兴趣，从而提出更多问题。如果只是背诵简历，可能会让面试官觉得缺乏互动性。需要注意的是，有些面试官会出于“压力测试”的考虑，经常故意打断应聘者，这时应该持有“乐于被打断”的心态，因为只有对你的信息产生了更多的倾向，才会提出更多的问题，获取更多信息。

总之，自我介绍是展示你个人能力和职业态度的机会。通过清晰的结构、相关经历的描述以及对未来的规划，可以让面试官迅速了解你的优势，并为接下来的面试打下良好基础。

【贴士】

自我介绍不是一个必须完整的结构，有时可能是间断并持续到整个面试过程。自我介绍相当于你的面试大纲，可以正序、倒序或者插叙。在面试中可以被随时打断也可以继续，请不要认为这种打断是一种无礼、不尊重或其他任何负面的行为。其出发点可能是“压力测试”，也可能是被你某些特点所吸引，或者对于某些情况进一步验证。

41 自我介绍，第一句话应该如何开场

万事开头难，自我介绍的第一句话和第一段是给面试官留下第一印象的关键，需要简洁、清晰且能吸引注意力。开场第一个段落类似于论文的概要或综述，每一句话都应与后面有呼应，在简历中或在后面的介绍中会有所涉及，是经过提炼的要点，处处点题，但又不展开。那么，自我介绍时的第一句话、第一个段落应该如何开场？

表达对面试机会的感谢：第一句话应表达对面试机会的感谢及求职意向，展现你的礼貌和职业态度，并强化面试官对你的印象。如“你好，感谢有这次面试机会，我应聘的职位是 ××。”。

简洁明了，直奔主题：应直接表明你的基本情况，可以用一句话介绍你的姓名、学校和专业，可简要提及你掌握的核心技能或实习经历。

表达热忱、突出亮点、吸引注意、引出下文：应清晰表达出对应聘该公司、该岗位的明确意愿，展现与职位的匹配度并简要说明 1 ~ 3 点原因（但不要展开），吸引面试官的兴趣。

【贴士】

避免冗长的铺垫，避免以“啊、嗯、这个”等语气词开场。

【思考题】

以下哪个开头方式更可取？

开头 1：简历上都写得很清楚，没什么特别要介绍的，您有什么要问的？

开头 2：好的，面试官您好，我叫 ×××，今年 ×× 岁，……

（接下来把简历上的内容再重复一遍，俗称“背简历”）。

开头 3：面试官您好，我叫 ×××，毕业于 ×× 学校 ×× 专业，其他基本信息简历上都有，相信您已经浏览过，我将不再赘述了。下面我重点分享一些简历中没有包括的内容……

42 几个自我介绍的回答思路

开场白、应聘职位、教育背景、基本信息

内容：简短介绍自己的姓名、学校、专业及应聘职位。

示例：面试官您好，我叫 ××，应聘贵公司的 ×× 职位，很珍惜这次面试机会。简历上有我的基本情况，我将主要分为以下几个部分介绍，我自己的专业技能、实习 / 项目 / 校外实践经历、对自己的认知等，您有需要我详细介绍的部分，请您随时提问。我毕业于 ×× 学校 ×× 专业（专业技能），学习期间，我除了完成正常学业还自学 / 旁听了 ×× 课程并取得了 ×× 证书……

建议：礼貌开场，进行结构化表述，第一部分突出与应聘职位相关的专业知识或技能。

实习 / 项目 / 校外实践经历（注重前后衔接）

内容：选择 1 ~ 2 个最相关的实习或项目经历，简述职责、行动及成果。

建议：强调你在这些经历中展现的能力，如团队合作、解决问题等，文体活动也要体现出对于职业素养的提升。

示例：在 ×× 公司的实习中，我负责 ××，通过 ××，提升了 ××（工作成果），锻炼了我的 ××（品质或能力）。”

自我认知（体现个人品质与软实力、软技能）

内容：性格特点、价值观、兴趣爱好等，特别是那些与工作相关的自我认知。

建议：选择与职位相符的品质，如责任心、团队协作、学习能力、创新思维等。

职业规划与期望

内容：简述你对未来的职业规划，为什么选择应聘该公司及具体职位。

建议：展示你对行业的热情和对公司的了解，表达长期发展的意愿。

结尾与感谢

内容：总结自我介绍，表达对面试机会的感谢，表达希望面试官就具体问题进行深入问询。

【贴士】

> 必须掌握 STAR 法则，简历、面试都靠它。

43 面试中的问题背后实质是在提问什么

面试中的问题通常在背后都会有实质性指向，主要包括以下几方面：

专业能力方面

“请阐述一下你在 ×× 工作中承担的角色和取得的成果。”

其目的是考查你是否具备胜任该岗位所需的专业知识和技能。面试官想了解你的专业深度、对行业动态的了解程度以及解决实际问题的能力。

性格特质和价值观方面

“你在工作中最看重的是什么？”

其目的是了解你的性格特质和价值观。面试官希望确定你的价值观是否与企业的文化相契合，以及你是否具备积极向上、责任心强、诚信可靠等良好的性格特质。

工作态度方面

“谈谈你对工作的理解，以及在过去工作中遇到的最大挑战以及是如何克服的。”

其目的是了解你对工作的态度、责任心、积极性以及对待挑战的方式，评估你应对各种情况的能力。

团队协作能力方面

“请举例说明你在团队协作中，遇到的困难以及解决方法。”

其目的是了解你是否能有效沟通，并协调和解决团队中的矛盾和问题，是否具有团队协作意识，以及时间管理能力和组织协调能力，是否善于与不同性格和背景的人合作。

面对冲突和解决问题能力方面

“举例说明你遇到过的一个紧急情况，你是如何处理的，最终效果如何？”

此类问题经常与团队协作相互交替提问，侧重了解你在面对困难、面对多方面压力时的应变能力和决策能力，以及解决问题时的综合素质、态度和能力。

如果是场景假设，面试官希望看到你是否具备工程化思维去正确识别问题及找到关键要素，能否迅速分析问题、提出有效的解决方案，并在压力下做出正确的决策。

职业规划方面

“你是如何定义工作中的‘成功’？ 或你对自己的职业发展有什么规划？”

主要是判断和了解你的职业目标是否明确，以及你在公司长期发展的意愿。

44 在面试中遇到实在不知道怎么回答的问题，有什么万能的方法

首先需要明确的是没有绝对的“万能方法”，但以下建议可以帮助你更加得体、有策略地应对这种尴尬情况。

坦诚相告

诚实地告诉面试官你对这个问题不太了解或没有相关经验。例如：“关于这个问题，我目前没有直接的经验或深入的了解，但我很愿意学习并尽快掌握。”

提出学习意愿

展示你对学习和成长的积极态度，表示你会尽快弥补这方面的知识或技能。例如：“尽管我现在不熟悉这个领域，但我有很强的学习能力和适应能力，我相信自己能够迅速掌握。”

关联已知内容

尝试将问题与你已有的知识或经验相联系，即使这种联系可能并不直接。这样至少可以展示你的思维能力和对相关领域的了解。

请求更多信息

你可以礼貌地请面试官提供更多关于这个问题的背景或具体情境，这样可能从中找到一些线索或启发。

展示解决问题的能力

强调你解决问题的能力和方法，即使你对具体问题的答案不确定。例如："虽然我现在不确定具体的答案，但我会通过查阅相关资料、请教同事或进行深入研究来找到解决方案。"

保持自信

无论你的回答如何，都要保持自信和积极的态度。面试是一个双向选择的过程，即使你对某个问题不了解，也不代表你不适合这个职位。

转移焦点

如果可能的话，尝试将问题的焦点转移到你的其他优势或经验上，以展示你的其他价值。

【贴士】

最重要的是，不要试图编造答案或假装知道。诚实和真实是建立良好职业关系的基础。同时，面试结束后，你可以针对不熟悉的问题进行深入研究，以便更好地为下一次面试或工作做准备。

45 在笔试中主要考查什么

企业在笔试中主要考查的是应聘者的工作态度和价值观、基础知识和技能、学习能力和适应能力、注意力和细心程度、思维方式和解决问题的能力等。这些因素共同决定了应聘者是否适合企业的岗位需求。

企业在笔试中主要考查的内容可以分为以下几个方面：

工作态度和价值观：虽然笔试主要考查的是知识和技能，但一些企业也会通过题目设计或者答题等方式来考查应聘者的工作态度和价值观。例如，是否愿意面对挑战、是否有团队合作精神等。

基础知识和技能：笔试通常会包括对应聘者专业基础知识的测试，以评估其掌握程度和实际应用能力。此外，还会考查一些通用技能，如逻辑推理、数学运算、语言理解等。

学习能力和适应能力：通过笔试，企业可以了解应聘者的学习速度和解决问题的能力。例如，在给定时间内完成大量题目，或者解决复杂的逻辑问题，都能体现一个人的学习能力和适应能力。

注意力和细心程度：在笔试中，往往需要仔细阅读题目，理解题意，并准确地回答问题。这可以体现一个人的注意力和细心程度。

思维方式和解决问题的能力：对于一些开放性问题或者案例分析题，企业会关注应聘者的思维方式和解决问题的能力，包括分析问题、提出解决方案、预测结果等。

46 求职笔试前应该做哪些准备

在求职笔试前，做好充分的准备工作对于取得好成绩至关重要。

求职笔试前的准备包括了解笔试内容和形式、复习相关知识和技能、刷题和模拟练习、注意身体健康和休息、准备必要的工具和材料、规划交通路线和时间、调整心态和保持自信以及注意笔试礼仪和规则。通过全面而充分地准备，你可以更好地应对笔试挑战，提高取得好成绩的机会。

了解笔试内容和形式

在参加笔试前，务必了解清楚笔试的具体内容和形式，包括考试科目、题型、考试时间分配等。这有助于你制定针对性的复习计划。

复习相关知识和技能

根据笔试的要求，复习相关的专业知识和技能。重点复习与应聘职位相关的知识和技能，并强化自己的薄弱环节。

刷题和模拟练习

通过模拟练习，提高解题能力和速度。可以选择一些历年的笔试真题或模拟题进行练习，熟悉题型和考试流程。

注意身体健康和休息

确保在笔试前保持良好的身体状态和充足的睡眠。合理安排作息时间，避免熬夜和过度劳累，保持精力和集中的注意力。

准备必要的工具和材料

根据笔试要求，准备好必要的工具和材料，如笔、纸、计算器、身份证等。确保在考试当天能够顺利携带和使用这些物品。

规划交通路线和时间

提前规划好到达笔试地点的交通路线和时间，确保能够准时到达。考虑到可能的交通拥堵或其他意外情况，最好提前出发。

调整心态和保持自信

保持积极的心态和良好的情绪状态，相信自己的能力和准备。遇到难题时保持冷静，不要过分紧张或焦虑。

注意笔试礼仪和规则

了解并遵守笔试的礼仪和规则，如按时到达、保持安静、遵守考试时间等。这有助于展现你的专业素养和良好形象。

47 面试中企业如何看待现场应变和谈吐

在面试中，企业会密切关注应聘者的现场应变能力和谈吐表现。这些能力不仅体现了应聘者的个人素质和专业能力，还直接影响着他们与团队成员和客户的互动效果。

现场应变能力

企业通常希望看到应聘者面对突发情况或未预料到的问题时，能够迅速作出反应并妥善处理。这种能力体现了应聘者的思维敏捷性、判断力和解决问题的能力。

快速思考

企业希望应聘者能够在短时间内分析问题，并给出合理的解决方案。这要求应聘者具备快速思考的能力和能够在压力下保持冷静的能力。

灵活适应

企业希望应聘者能够适应不同的情境和变化，不断调整自己的策略和方法。这要求应聘者具备较高的适应性和变通能力。

错误处理

当应聘者犯错时，企业会关注他们如何处理这些错误。一个能够承认错误、及时纠正并从中学习的应聘者通常会得到更高的评价。

谈吐

谈吐是面试中非常重要的一个方面，它反映了应聘者的沟通能力、表达能力和思维逻辑。

清晰表达

企业希望应聘者能够清晰、准确地表达自己的观点和想法。这要求应聘者具备良好的语言表达能力和逻辑思维能力。

自信

在面试中企业通常希望看到应聘者自信的表现。自信不仅体现了应聘者的自我认知和价值感，还能够增强说服力。

礼貌和尊重

在谈吐中，应聘者应该展现出对面试官和企业的尊重。礼貌的举止和谦逊的态度通常会给人留下良好的印象。

思考和倾听

除了表达自己的观点外，应聘者还应该展现出良好的倾听和思考能力。这能够体现应聘者的团队合作精神和沟通能力。

48 面试中如何体现礼貌和尊重

在面试中展现礼貌和尊重是非常重要的，通过注意细节、积极倾听、使用礼貌用语和尊重面试官意见，你可以给面试官留下良好的印象，并体现出你的职业素养和人际交往能力。

提前到达

尽量提前一些时间到达面试地点，这可以体现出你对面试的重视和尊重。如果因为某些原因可能会迟到，一定要提前通知面试官。

礼貌地打招呼和道谢

在进入面试房间时，对面试官进行礼貌地打招呼，如“您好”；在离开时道谢，如“谢谢您的时间和机会”。

注意非语言沟通

保持微笑，与面试官进行眼神交流，展现自信和关注。坐姿要端正，避免懒散或过于紧张。

积极倾听

在面试官发言时，保持专注并积极倾听。避免打断面试官，等待他们发言完毕后再提出自己的观点或问题。

使用尊称和礼貌用语

在面试过程中，使用尊称如“您”来称呼面试官，并使用礼貌用语，如“请”“谢谢”等。

尊重面试官的意见

即使你不同意面试官的观点或建议，也要保持尊重并表达感谢，可以委婉地提出自己的观点，避免直接反驳或批评。

避免负面语言

避免使用负面语言或流露负面情绪，保持积极、乐观的态度。

即使面对困难或挑战，也要展现出解决问题的能力和信心。

感谢与期待

在面试结束时，应感谢给予的面试和学习机会，并表达你对职位的热情和期待。

49 企业在面试中对服装有何要求

在面试中选择合适的服装可以展现你的专业精神和自信，给面试官留下良好的印象。在选择服装时，要考虑职位、公司文化和个人风格等因素，选择简洁大方、合身且得体的服装。

数十位 HR 表示，在面试大学生的时候，企业对服装不做过多要求，但过于华丽的品牌服装与学生身份不相符，也不能靠名牌衣服展现应聘者的基本素质。

不提倡华衣贵服，更应避免“薄、紧、透、漏”

不提倡为了面试购买过于名贵的品牌服装，服装应体现出严肃认真的态度，避免过于轻浮或随意。

干净整洁

面试服装首先要保持干净整洁，不要有污渍、破损或褶皱的情况。这不仅是对自己的尊重，也是对面试官和公司的尊重。

颜色与款式

服装的颜色和款式应简洁大方，避免过于花哨或休闲的款式。一般来说，深色或中性色调（如深蓝、黑色、灰色等）的西装或套装比较适合面试，这类服装能给人一种稳重、专业的感觉。同时，避免选择那些过于夸张的图案或颜色。

正式程度

根据面试的职位和企业的文化，选择合适且正式的服装。一般来说，对于高级职位或具有严肃企业文化的公司，需要选择更为正式的服装；而对于初级职位或企业文化较为轻松的公司，可以选择休闲商务类服装。

大小合身

服装应该合身，不要过大或过小。过于紧身的服装可能会显得不专业，而过于宽松的服装则可能显得不整洁。

避免过于个性化

虽然要在面试中展现自己的个性，但服装过于个性化可能会分散面试官的注意力，影响他们对你专业能力的评估。因此，尽量避免选择那些过于独特或引人注目的服装。

注意服装搭配

注意鞋子、袜子、领带服饰等搭配合理。

50 什么是无领导小组面试

了解无领导小组的基本概念和方法，可以更好地准备和应对这种面试形式，充分展现自己的优势。

无领导小组是一种集体面试形式，一般用于遴选管理者后备人选。主要形式是一组候选人（一般为 5 ～ 7 人）在所有参与者地位平等、没有指定领导、没有指定位置排序的情况下，由候选人自行决定具体的形式，围绕特定议题展开讨论；有时会安排整个小组形成一致结论并汇报。

无领导小组主要考查综合素质。这是具有过程属性和内容质量属性的综合性面试，即考查在讨论过程中所体现的综合素质以及最终形成的结论。主要考查能力包括候选者的综合分析能力、逻辑思维、团队合作精神、领导力、自信心、进取心、沟通技巧、解决冲突争议能力、情绪稳定性、灵活性、非语言沟通、性格特点以及平时综合知识的积累。

主要命题方式为开放式问题、两难问题、资源争夺型问题。这些问题类型都是来自现实，没有绝对正确的答案——这也是与教育的重要区别之一。

大学生参与无领导小组时需要掌握一些基本方法。首先，充分准备是关键，平时多积累、多阅读，要明白进入到这个环节的候选者综合素质都达到一定水准；其次，充分理解所讨论议题，在坚持自己的观点和论据的同时，要以集体共赢为核心理念；再次，积极参与讨论，清晰、有条理地表达看法，并尊重他人的意见；同时，展现领导潜能，不一定要主导讨论，而是通过有效建议和团队合作来体现价值；最后，处理冲突时保持冷静和专业，寻求共识而非争执。

7

其他需要关注的细节

本章聚焦大学生其他求职细节和建议，介绍了简历针对岗位应如何微调，避免“海投”，提升成功率；说明了求职需注意简历制作、面试准备、邮件礼仪、保持积极态度等细节，这些对求职结果影响重大。强调企业更看重责任感、乐观积极、沟通能力、团队合作等性格特质。提醒求职者避免过度包装，适度投入即可。

专业人士建议大学生应尽早规划职业，注重综合素质培养，积累实习经验，精心准备简历和面试，保持持续学习态度，以更好地应对求职挑战，实现职业目标。

51 是否应该针对具体求职岗位微调简历

答案是肯定的，需要针对具体求职岗位进行微调简历。针对不同的求职意向对简历进行微调，是提升求职成功率的关键。

“一份简历走天下”的时代已经过去了，主要原因在于现代求职环境的变化以及企业对人才需求的精细化。

简历筛选智能化：很多企业第一步会使用数字化工具筛选简历，系统会根据关键词匹配度进行初筛。如果简历没有针对岗位要求进行优化，很容易被淘汰。只有精准匹配岗位需求的简历才能脱颖而出。

岗位职责表述多样化（或称表述模糊化）：即使是同一职位名称，不同行业、不同企业的具体职责和要求也可能完全不同。例如，同样是“产品经理”，有的企业偏重技术背景，有的则注重市场分析和用户研究。

行业明显差异化：不同行业对同一岗位的技能要求差异很大。例如，互联网行业的数据分析师可能需要掌握 Python 和机器学习，而金融行业的数据分析师则更注重统计学和金融知识。

企业文化个性化：每家企业都有独特的文化、价值观和用人标准。一份通用的简历无法体现你与特定企业文化的契合度。

【贴士】

避免低效的“海投”。海投简历因为缺乏针对性所以成功率非常低。建议广泛阅读招聘信息，以了解通用要素和关键衡量指标；认真分析目标岗位和企业需求，对简历进行微调，显著提高求职成功率。

52 大学生求职过程中应注意哪些细节

大学生求职过程中需要注意的细节很多，这些细节可能会影响到求职的成功与否。因此，大学生应该认真对待每一个细节，做好充分的准备和规划，提高自己的求职竞争力。

简历制作：简历是大学生求职的重要工具，应该认真制作。简历应该简洁明了，突出自己的优势和特长，避免冗长和无关紧要的内容。同时，要注意简历的格式和排版，确保易于阅读和理解。

面试准备：面试是求职过程中非常重要的一环，需要提前做好充分的准备。了解公司的背景和业务，思考可能遇到的面试问题，并提前准备好答案。此外，还要注意面试的礼仪和形象，展现出自己的自信和职业素养。

避免低级错误：避免简历中没有基本信息、联系方式等，以及语法错误和拼写错误等。

注意邮件礼仪：在发送邮件时，使用适当的邮件主题，确保邮件内容简洁明了，避免使用过于随意的语言。在邮件中附上你的简历时，确保文件格式正确且无病毒。

保持积极态度：求职过程可能会充满挑战和挫折，但保持积极的态度和耐心非常重要。即使面对拒绝，也要将其视为学习和成长的机会。

跟进：在面试后，发送一封感谢信给面试官，以表达你的感激之情，并再次强调你对职位的兴趣。这不仅可以提高你的形象，还可能增加你被录用的机会。

网络求职：利用招聘网站、社交媒体等网络平台寻找职位时，注意保护个人信息和隐私。避免在不安全的网站上提交个人信息或上传简历。

职业规划：在求职过程中，要有明确的职业规划。了解自己喜欢和擅长的领域，选择适合自己的职位和公司。同时，也要关注行业的发展趋势和未来前景，为自己的职业发展做好规划。

53 企业更看重哪些性格特质

求职者的性格特质往往与他们的专业技能和知识一样重要。在招聘过程中会综合考虑求职者的性格特质、专业技能和知识以及其他方面的表现。这些性格特质有助于求职者在企业中融入团队、高效工作、解决问题，并为企业发展作出贡献。因此，求职者在准备面试和展示自己的优势时，应该充分展示这些受企业重视的性格特质。

责任感：求职者需要具备高度的责任感，对自己的工作负责，并愿意为自己的行为和决策承担后果。这种责任感能够确保工作的质量和效率，同时也有助于维护企业的声誉和利益。

乐观积极：企业倾向于招聘那些保持乐观、态度积极的求职者。在面对压力和挑战时，求职者需要保持积极的心态，寻找解决问题的方法，而不是沉溺于负面情绪中。

善于沟通：企业普遍重视求职者的沟通能力。有效的沟通能够确保信息顺畅传递，促进团队协作，并解决工作中遇到的问题。求职者需要能够清晰、准确地表达自己的想法，同时也要善于倾听他人的观点。

团队合作：企业往往倾向于招聘那些具备团队合作精神的求职者。团队合作是大多数工作中必不可少的一部分，求职者需要能够融入团队，与团队成员协作完成任务，为团队利益作出贡献。

积极主动：积极主动的性格特质在企业中很受欢迎。企业希望求职者能够主动承担责任，寻找解决问题的方法，而不是等待他人的指示。这种态度能够推动项目的进展，提高工作效率。

适应能力：由于企业环境和工作要求可能经常发生变化，因此求职者需要具备良好的适应能力。他们应该能够迅速适应新的工作环境、任务和挑战，并在必要时调整自己的行为和策略。

解决问题的能力：企业重视那些能够独立思考、解决问题的求职者。在面对困难和挑战时，求职者需要展现出分析问题、寻找解决方案的能力，以及从失败中学习和吸取教训的意愿。

学习能力：随着技术的不断发展和市场的快速变化，企业希望求职者具备持续学习的能力，需要不断更新自己的知识和技能，适应新的工作环境和要求。

54 大学生求职中应该花很多钱去包装吗

比如制作精美的简历、拍摄专业的证件照、购买品牌服装等？

资深 HR 表示，在招聘中对大学生的过度包装不会有倾向性的加分。大学生在求职过程中应避免过度包装而忽视实际能力。重要的是应注意细节，保持一个专业、稳重的形象。最重要的是，通过不断提升自己的专业素养和技能，让自己成为一个有竞争力、有价值的求职者。

在大学生求职过程中，虽然一个精致、专业的形象可以在一定程度上提升求职者的竞争力，但过度包装并不是必要的，可能会带来一些不必要的负担。

适度投入：适度的包装是合理的，比如拍摄一张严肃规范的免冠照等，可以帮助你树立一个专业、认真的形象，留下良好的第一印象。

避免过度包装：过度包装可能会让人觉得你过于注重表面形象，而忽略了实际能力和工作经验。因此，不要盲目追求昂贵的简历制作、拍摄或品牌服装等。

避免追求奢华形象：避免追求过于奢华或浮夸的形象。虽然一个专业的形象可以提升你的竞争力，但过于奢华或浮夸的包装可能会让人觉得你不切实际或过于自负。保持一个得体、稳重的形象即可。

55 专业人士给大学生的求职建议

大学生求职者在求职过程中要保持积极的态度，对自己充满信心，尽早规划自己的职业生涯，注重培养综合素质和实践经验。同时，精心制作简历，做好面试准备，保持学习的态度。这些建议将有助于大学生求职者更好地应对求职挑战，实现自己的职业目标。在通过向企业 HR 征求建议后，总结以下几点，以期帮助大学生在求职过程中更好地准备和应对各种挑战。

尽早规划：在大学期间尽早开始规划自己的职业生涯。了解不同行业的工作机会和前景，明确自己的职业兴趣和目标，以便有针对性地选择课程和实践机会。

建立专业网络：参加专业相关的社交活动、讲座和研讨会，与同学、教授和行业专家建立联系。通过社交媒体平台和专业网络，拓展人脉资源，获取更多的职业信息和机会。

培养综合素质：除了专业技能外，还要注重培养自己的沟通能力、团队协作能力、批判性思维和创新能力等综合素质。这些能力对于适应职场环境和职业发展至关重要。

实习与项目经验：利用大学期间的实习和项目机会，积累实际工作经验。通过实践，深入了解行业和工作内容，提升自己的职业竞争力。

精心制作简历：简历是求职的重要工具，要认真制作，突出自己的专业技能和实践经验，展示个人优势和特长。同时，注意简历的格式和排版，确保易于阅读和理解。

面试准备：面试是求职过程中重要的一环，要提前做好充分准备。了解公司的背景和业务，思考可能遇到的面试问题，并提前准备好答案。注意面试的礼仪和形象，展现出自信和专业素养。

保持积极态度：求职过程可能会遇到挫折和拒绝，但要保持积极的心态和耐心。将失败视为学习和成长的机会，不断调整和完善自己的求职策略。

持续学习：求职只是职业生涯的起点，要保持持续学习的态度。在职场上，通过不断学习来提升自己的能力，寻求更好的发展机会和空间。同时，关注行业的最新动态和趋势，为自己的职业发展做好规划。

附录 1
撰写简历时常见的行为动词

在撰写简历时，合理使用动词可以突出能力和成就，让简历更具说服力。

应结合自身的真实情况进行撰写，并与实习内容和工作定位相匹配。例如，正确："实习期间每周向主管领导汇报工作进展"；错误："实习期间重塑了企业文化"。

当使用行为动词时，一定要与产生的效果相关联。例如，参与了《×× 行业报告》的发布工作，获得了 10 万 + 的点赞、转发；每天分析并提交 ×× 份调研数据等。

当使用结果动词时，应最好用"完成时"，如完成了、执行了、测试了等。本篇列出了撰写简历中常用的行为动词，供参考。

与工作流程有关

完成 提交 汇报 支持 记录 辅助 保持 促进 阐述
担任 解释 参加 生产 销售 出售 执行 演示 宣传
反馈 发布 展示 介绍 参与 编辑 校订 使用 处理
行使 查阅 实现 采购 提供 供应 出版 调试 测试
试验 报告 翻译 编写 计算 操作 修理

与完成成果有关

实现 完成 提升 优化 创新 达成 增进 加强 扩大
推广 拓展 增强 确立 突破 荣获 升级 改进 巩固
达成 落实 超越 深化 精简 加速 验证

与个人进步成就有关

重构 创建 升级 完成 影响 增加 减少 掌握 完善
重塑 简化 加快 获得 实现 得到 赢取 加速 降低
扩大 拓展 改善 改进 扩张 提升 覆盖 加强 修复
重建 搭建

表现个人领导力

负责 召集 指挥 组建 构建 任命 主导 主持 组织
制定 带领 领导 牵头 监督 监管 核查 决定 引导
挑选 调解 影响

表现组织或管理能力

组织 汇总 总结 管理 安排 审阅 收集 比较 贯彻
维护 派遣 协调 配合 调配 统一 分配 归类 分组
划分 沟通 分类 确保 争取 整合 建议 发展 修订

评估 推荐 评定 筹集 管控

表现创新意识

优化 设立 提出 发起 创立 重构 开创 创造 设计
建立 引进 发明 改造 翻新 升级 改变 成立 发行

表现沟通和团队能力

联合 招募 鼓励 激发 合作 传达 招待 沟通 接触
联络 联系 通知 调解 说服 介绍 和解

表现解决问题能力

解决 排除 消除 化解 完成 达成 实现

表现学习研究和应用能力

学习 应用 检验 开发 研究 探究 检查 观察 搜集
比较 推导 得出 洞悉 查明 复盘 测量 调查 校验
核查 计算 推算 分析 评估 演算 对比 改造 诊断
调整 证明 测试

表现团队协同与计划能力

建议 帮助 教育 教导 培训 咨询 辅导 教授 训练
指导 指引 讲授 筹备 预测 计划 规划 安排 制定
筹划 预防 准备 构想

附录 2

职业案例分析

本部分全部来自真实案例，侧重帮助大学生在求职过程中了解行业和岗位的情况，包括岗位主要内容、所需关键技能、岗位发展前景以及薪金待遇、入职门槛等情况。在阅读时，大学生应结合自己的专业背景、职业规划和兴趣点进行综合考虑，以拓宽求职视野，提高职业规划合理性，提升求职竞争力。

主要工作内容：是指岗位的日常工作和职责范围。在阅读时，应重点关注岗位所需完成的具体任务，以及这些任务背后的工作逻辑和流程。通过了解主要工作内容，可以初步判断自己是否对该岗位感兴趣，以及自身能力和兴趣是否与岗位需求相匹配。

岗位关键技能：是指完成岗位工作所必须具备的专业技能和软技能。专业技能通常与岗位性质紧密相关，如编程能力、市场营销能力等；软技能则包括沟通能力、团队协作能力、抗压能力等。建议仔细对照岗位关键技能，评估自己的能力和技能是否达标。对于尚未掌握的技能，可以通过制定学习或实习计划进行提升。

薪酬待遇：均为访谈者的当前情况，但收入水平受个人业绩和所在机构规模影响较大（本项不代表大学生入职时的收入水平，仅作为了解职业现状之用）。

发展前景：主要描述未来可晋升方向和职业发展路径。了解岗位的发展前景，有助于大学生更好地规划自己的职业生涯。

入职门槛：是指进入岗位所需满足的基本条件。了解入职门槛，可以帮助大学生更好地评估自己的求职竞争力，并用于指导自己下一步学习、考取行业证书或安排有计划的实习等。

相似岗位：是指与当前岗位性质相似、工作内容相近的其他岗位。了解相似岗位，可以帮助大学生拓宽求职视野，发现更多的就业机会。

合适学科专业：是指与岗位需求相匹配的学科专业背景。了解岗位的合适学科专业，可以帮助大学生判断自己的专业是否与岗位需求相符。

职业案例分类表

类别	岗位解析与名称
管理与行政类（11 个）	包括企业的中高层管理岗位和行政类岗位，主要负责企业的运营管理、战略规划、人力资源管理、法务事务等。这些岗位通常需要较强的管理能力、沟通能力和决策能力。案例包括：电商运营总监、人工智能公司高管、外贸公司高管、法务总监、行政经理、人力资源员工关系专员、人力资源专员、企业内审专员、金融机构中后台、投资经理、行政专员
销售与市场类（12 个）	包括以销售为代表的市场推广、客户服务等相关岗位，主要负责产品的销售、市场拓展、客户关系维护等工作。这些岗位需要具备良好的沟通能力、销售技巧和市场分析能力。案例包括：学术推广、试剂销售专员、销售经理、国际化市场专员、销售专员、解决方案行销工程师、课程顾问、售前客服专员、市场专员、销售经理、大宗商品贸易业务经理、招商专员
研发与产品类（9 个）	包括技术研发、产品设计、研发项目管理等相关岗位，主要负责新技术的研究与开发、产品的设计与优化等工作。这些岗位通常需要扎实的专业知识和创新能力（与研发有关的技术支持性岗位归类在“运营与专业技术类”）。案例包括：用户研究员、产品经理—科技金融、人工智能研发工程师、产品经理—互联网、硬件工程师—电源研究方向、研发工程师—鞋类材料、硬件工程师—现场应用方向、软件研发工程师—互联网、通信研发工程师
设计与创意类（12 个）	包括设计、影视制作、广告创意等相关岗位，主要负责视觉设计、影视编导、广告策划等工作。这些岗位需要具备良好的创意能力、审美能力和艺术素养。案例包括：图书设计、游戏 UI 设计、影视编导、电视新闻编辑、影视后期制作、漫画设计助理、灯光设计师、平面设计师、服装设计师、广告视频设计师、编剧、编导

续表

类别	岗位解析与名称
运营与专业技术类（31 个）	包括与公司或业务运营执行有关的内部各类专业技术岗位，如网络安全、金融分析、建筑工程、供应链管理等。这些岗位需要具备特定领域的专业知识和技能，通常涉及技术操作、项目管理和专业咨询等工作。案例包括：业务架构师、空中交通管制员、直播电商选品、工程物资管理、游戏主播、配送员、外卖骑手、汽车零部件采购专员、培训机构讲师、银行职员、金融分析师、网络安全管理岗、建筑设备工程师、保险理赔专员、设施管理专员、游戏运营专员、数据中心电气工程师、云计算售后工程师、流水线员工、造价师、现场经理、出版战略策划、财务报表专员、数据分析专员、商业分析专员、实验员、临床研究协调员、律师助理、施工资料员、供应链管理专员、测绘技术员
专业技术服务类（7 个）	包括对外提供专业服务的岗位，如系统实施咨询、法律服务、公关执行、心理咨询等。这些岗位需要具备专业的知识背景和良好的客户服务能力，通常涉及外部客户对接和项目交付。案例包括：系统实施咨询师、律师、公关项目执行专员、心理咨询师、企业社会责任 /ESG 咨询顾问、认证公司审核员、留学咨询顾问

管理与行政类（11 个）

岗位 1：电商运营总监（电子商务）

主要工作内容：负责公司电商业务的整体运营，包括传统电商渠道的搭建、直播带货、新媒体销售等。日常工作涉及审核合同、制定销售策略、推动产品销售，需要结合市场需求和行业趋势，不断优化销售模式和产品定位。

岗位关键技能：具备丰富的电商运营经验，熟悉直播带货、新媒体营销等新兴渠道；具备良好的市场洞察力和数据分析能力，能够根据市场反馈调整销售策略；具备团队管理和协调能力，能够带领团队完成销售目标。

薪酬待遇：月薪 10 万～ 20 万元。

【求职分析建议】

发展前景：电商行业在国内外市场依然具有广阔的发展空间，随着直播带货和新媒体营销的兴起，电商运营总监的职责和影响力不断扩大。未来可晋升为公司高级管理层，负责更大范围的业务规划和战略决策。

入职门槛：通常要求本科及以上学历，市场营销、电子商务等相关专业优先。对学历要求不高，但需要具备浓厚的兴趣和持续学习的能力，能够快速适应市场变化。

相似岗位：直播运营总监、新媒体运营总监、销售总监。

合适学科专业：市场营销、电子商务、工商管理、国际贸易。

岗位 2：人工智能公司高管（人工智能）

主要工作内容：负责公司整体战略规划和业务拓展，寻找市场需求并推动项目落地，包括与客户沟通、洽谈合作、协调团队资源以及处理公司运营中的各种事务。

岗位关键技能：具备丰富的人工智能行业经验，能够准确把握市场需求和技术发展方向；具备强大的沟通能力和商业谈判能力，能够与客户和合作伙伴建立良好的关系；具备团队管理和领导能力，能够带领团队实现公司目标；熟悉人工智能技术，能够指导技术团队解决实际问题。

薪酬待遇：收入水平受公司规模和市场表现影响较大。

【求职分析建议】

发展前景：人工智能行业前景广阔，随着技术的不断进步和应用场景的拓展，未来可进入本领域董事会或到应用行业任职。

入职门槛： 通常要求研究生及以上学历，计算机科学、人工智能、数学等相关专业优先，需要具备丰富的人工智能行业经验和人脉资源，才能够带领团队实现业务突破。

相似岗位： 人工智能技术总监、数据科学经理、机器学习工程师。

合适学科专业： 计算机科学与技术、人工智能、数学与应用数学、软件工程、信息与通信工程。

岗位 3：外贸公司高管（服装行业）

主要工作内容： 负责公司的日常运营，包括与客户的沟通、联系工厂、处理订单细节等。工作时间较为灵活，可根据业务需求自行安排。

岗位关键技能： 具备良好的沟通能力，能够与国内外客户进行有效交流；熟悉外贸流程和国际市场的基本规则；具备一定的市场洞察力，能够把握客户需求和市场趋势；能够应对汇率波动和国际形势变化带来的挑战。

薪酬待遇： 月薪 1 万元左右。

【求职分析建议】

发展前景： 随着跨境电商的发展，外贸行业有广阔的发展空间。未来可拓展业务领域，如跨境电商、品牌建设等，或通过优化供应链提升竞争力。

入职门槛： 通常要求大专及以上学历，国际贸易、商务英语等相关专业优先，具备一定的客户资源和行业经验是进入该行业的重要基础。

相似岗位： 外贸业务经理、跨境电商运营总监、服装品牌经理。

合适学科专业： 国际贸易、商务英语、市场营销、服装设计与工程、物流管理。

岗位 4：法务总监

主要工作内容：负责公司内部的法律事务，包括处理法律诉讼、合规问题、纠纷解决等。日常工作涉及与法院、检察院、客户等多方沟通，确保公司运营符合法律法规要求。

岗位关键技能：具备扎实的法律专业知识，能够处理复杂的法律事务；具备良好的沟通能力，能够与不同机构和人员有效交流；熟悉企业运营流程，能够从法律角度为公司决策提供支持；具备较强的问题解决能力，能够应对各种法律纠纷。

薪酬待遇：年薪 50 万～ 100 万元。

【求职分析建议】

发展前景：随着企业对合规和风险管理的重视，此职位可晋升为公司高级管理层，负责更大范围的法律事务和战略规划，也可转向律师事务所、咨询公司等机构发展。

入职门槛：通常要求硕士及以上学历，法学专业优先。需通过司法考试，具备丰富的法律实践经验，能够独立处理复杂法律事务。

相似岗位：法务经理、合规经理、法律顾问。

合适学科专业：法学、经济法、国际经济法、企业管理（法律方向）、知识产权法。

岗位 5：行政经理（上市公司）

主要工作内容：协助总经理处理公司内部事务，包括业务协同、市场开拓、撰写材料和公文等。日常工作需要与各部门沟通协调，确保公司运营顺畅，并支持总经理的战略决策。

岗位关键技能：具备扎实的管理能力和沟通能力，能够高效协调各部门工作；具备良好的写作能力，能够撰写高质量的材料和公文；具备较强的抗压能力，能够在高强度的工作环境中保持高效；熟悉公司业务和市场动态，能够为总经理提供战略建议。

薪酬待遇：月薪 1 万～ 3 万元。

【求职分析建议】

发展前景：未来可晋升为副总裁或高级管理人员，负责公司综合管理。

入职门槛：通常要求硕士及以上学历，管理、新闻、传媒等相关专业优先，需具备丰富的管理经验和良好的沟通能力，能够独立处理公司内部事务。

相似岗位：总裁办主任、行政经理、管培生。

合适学科专业：行政管理、工商管理、新闻学、传媒学、公共关系。

岗位 6：人力资源员工关系专员

主要工作内容：负责员工的入职和离职手续办理、考勤管理、工资核算等工作。日常工作需要与员工进行沟通，确保公司的人事政策得到执行。

岗位关键技能：具备良好的沟通能力，能够与员工进行有效沟通并处理各种人事事务；熟悉人力资源管理流程，能够高效完成入职、离职和考勤管理等工作；具备一定的法律知识，能够处理劳动关系相关问题；工作细心，责任心强，确保工作的准确性和及时性。

薪酬待遇：月薪 6000 ～ 8000 元。

【求职分析建议】

发展前景：可晋升为人力资源主管或经理，负责更大范围的人力资源管理与团队领导，也可转向人力资源咨询、劳动关系管理等领域发展。

入职门槛：通常要求大专及以上学历，人力资源、劳动关系等相关专业优先，需具备良好沟通能力和一定法律知识，能够独立处理人事事务。

相似岗位：人力资源专员、人事主管、劳动关系专员。

合适学科专业：人力资源管理、劳动与社会保障、法学、工商管理、心理学。

岗位 7：人力资源专员（新能源车企）

主要工作内容：负责公司人力资源的全面管理，包括招聘、薪酬、绩效等。日常工作需要处理员工关系、招聘新员工、设计薪酬体系和绩效评估等工作。

岗位关键技能：具备扎实的人力资源管理知识，能够高效完成招聘、薪酬和绩效管理任务；熟悉劳动法和相关政策，能够处理复杂的员工关系问题；具备良好的沟通能力，能够与员工和管理层有效协作；具备较强的责任心和细心，确保工作的准确性和及时性。

薪酬待遇：月薪 1 万元以上。

【求职分析建议】

发展前景：新能源车企等新兴行业中需求旺盛，未来可晋升为人力资源主管或经理，也可转向人力资源咨询、人才管理等领域发展。

入职门槛：通常要求本科及以上学历，人力资源管理、劳动关系等相关专业优先，需具备扎实的专业知识，熟悉人力资源管理流程，具备一定的沟通能力和问题解决能力。

相似岗位：人力资源主管、招聘专员、薪酬绩效专员。

合适学科专业：人力资源管理、劳动与社会保障、工商管理。

岗位 8：企业内审专员

主要工作内容：负责维持企业的合规经营，通过审查企业财务、法律和经营管理等方面来识别潜在风险并提出改进建议。日常工作包括审计流程的执行、风险评估以及合规性检查。

岗位关键技能：具备扎实的财务和法律知识，能够识别企业运营中的合规风险；具备良好的分析能力，能够从复杂的数据中发现问题；具备跨部门沟通能力，能够与不同业务板块的团队合作；熟悉企业经营管理流程，能够提出有效的改进建议。

薪酬待遇：月薪 2 万～ 3 万元。

【求职分析建议】

发展前景：企业对合规经营的重视程度不断提升，审计专员需求持续增长。未来可晋升为审计经理或高级审计师，也可转向风险管理、内部控制或咨询领域发展。

入职门槛：通常要求本科及以上学历，财务、法律、审计等相关专业优先，需具备良好的沟通能力和分析能力，熟悉企业业务流程和相关法律法规；具备注册会计师（CPA）、国际注册内部审计师（CIA）等专业资格证书者优先，相关实习或工作经验是加分项。

相似岗位：内部审计师、风险管理专员、合规专员。

合适学科专业：会计学、审计学、财务管理、法学、工商管理。

岗位 9：金融机构中后台（财务、内审方向）

主要工作内容：负责金融机构内部的财务审计、风险控制和内控测试等工作。日常工作需要与不同部门协作，确保机构的运营符合财务要求和合规要求。

岗位关键技能：具备扎实的财务和审计知识，能够高效完成内控测试和风险评估；熟悉金融机构的运营流程，能够识别潜在的财务风险；具备良好的沟通能力，能够与团队成员和管理层有效协作；具备较强的责任心和细心，确保工作的准确性和及时性。

薪酬待遇：月薪 1 万元左右。

【求职分析建议】

发展前景：金融机构中后台岗位需求稳定，未来可晋升为高级审计师或内控经理，积累经验后也可转向风险管理、合规管理等领域发展。本领域受到人工智能（AI）的发展影响较大。

入职门槛：通常要求本科及以上学历，财务、审计、金融等相关专业优先，需具备相关证书（如 CPA、内审证书等）和一定的审计或财务工作经验，能够独立完成审计和内控任务。

相似岗位：内部审计师、风险控制专员、合规经理。

合适学科专业：金融学、会计学、审计学、财务管理、经济学。

岗位 10：投资经理（投后管理）

主要工作内容：负责对已投企业的管理，跟踪企业的发展情况，提供必要的支持和服务；对新投资项目进行尽职调查，确保项目数据的真实性；参与交易架构设计和法律文件条款的谈判。

岗位关键技能：具备扎实的财务和法律知识，能够高效完成尽职调查和文件条款谈判；熟悉投资流程和项目管理，能够为被投企业提供有效的支持；具备良好的沟通能力，能够与被投企业和其他团队成员有效协作；具备较强的数据分析能力，能够准确评估项目风险和收益。

薪酬待遇：年薪 40 万～50 万元。

【求职分析建议】

发展前景：专业投资人才需求持续增长，未来可晋升为高级投资经理或投资总监，积累经验后也可转向风险投资、私募股权等领域发展。

入职门槛：通常要求本科及以上学历，金融、经济、法律等相关专业优先，需具备扎实专业知识和一定投资经验，能够独立完成投后管理和尽职调查任务。

相似岗位：投资经理助理、投资总监、风险投资分析师。

合适学科专业：不限。

岗位 11：行政专员（国有企业）

主要工作内容：负责日常行政事务，包括办理各类手续、接听电话、安排会议室等。日常工作需要与不同部门和领导沟通协调，确保行政工作顺利进行。

岗位关键技能：具备良好的沟通能力和协调能力，能够与不同部门和领导有效沟通；熟悉行政工作流程，能够高效处理各类行政事务；具备较强的责任心和细心，确保工作的准确性和及时性。

薪酬待遇：月薪 1 万元以下。

【求职分析建议】

发展前景：行政岗位相对稳定，工作规律性强。未来可晋升为行政主管或部门经理，积累经验后也可转向行政管理、办公室主任等方向发展。

入职门槛：通常要求本科及以上学历，行政管理、公共管理等相关专业优先，需具备良好沟通能力和行政管理能力，能适应国有企业工作环境。

相似岗位：行政主管、行政办公室、综合办公室职员。

合适学科专业：行政管理、公共管理、工商管理、人力资源管理、法学。

销售与市场类（12 个）

岗位 12：学术推广

主要工作内容： 负责学术推广活动的组织和执行，包括会议安排、客户沟通以及相关行政事务（如订餐等）。日常工作以会议和推广活动为主，需要与客户进行有效沟通，确保推广活动顺利进行。

岗位关键技能： 具备良好的沟通能力，能够与客户进行有效交流并理解客户需求；具备一定的学术理解能力，能够准确传达学术内容；具备基本的组织协调能力，能够安排和执行推广活动。

薪酬待遇： 月薪 1 万元左右。

【求职分析建议】

发展前景： 学术推广在医药、教育等领域有较为稳定的需求，随着行业对学术推广的重视，未来可晋升为市场经理或团队负责人，负责团队管理，也可转向市场营销或客户关系管理等方向发展。

入职门槛： 通常要求本科及以上学历，年龄在 20 岁以上且不超过 35 岁。专业背景要求相对灵活，但医药、生物、市场营销等相关专业优先，良好的沟通能力和学习能力是必备素质。

相似岗位： 市场营销专员、客户关系管理专员、活动策划专员。

合适学科专业： 医药学、生物学、市场营销、工商管理、传播学。

岗位 13：试剂销售专员（医疗 / 科研行业）

主要工作内容： 负责向医院、实验室等客户销售试剂产品，了解客户试验需求，提供针对性的服务和产品推荐，帮助客户解决试验中的问题。日常工作需要频繁与客户沟通，了解市场动态，维护客户关系。

岗位关键技能： 具备良好的沟通能力，能够与客户建立信任并准确理解其需求；具备一定的生物或化学基础知识，能够为客户提供专业的试剂建议；具备一定的市场分析能力，能够把握行业动态和客户需求。

薪酬待遇：月薪 1 万元左右。

【求职分析建议】

发展前景：试剂销售行业随着医疗和科研市场的不断扩大，需求稳定增长。未来可晋升为销售经理，负责团队管理和区域销售策略的制定；也可转向市场拓展、客户关系管理或产品管理等方向发展。

入职门槛：通常要求本科及以上学历，生物、化学等相关专业优先，但非相关专业也可通过学习进入该行业，需要具备良好的沟通能力和学习能力，能够快速掌握试剂产品的知识和客户需求。

相似岗位：医疗器械销售专员、药品销售专员、科研设备销售专员。

合适学科专业：生物学、化学、医学、市场营销、工商管理。

岗位 14：销售经理（纺织制品）

主要工作内容：负责家纺产品的整体运营，包括生产、销售和客户服务。日常工作涉及产品采购、库存管理、客户关系维护以及销售策略的制定和执行，处理从生产到销售的全流程事务，确保业务顺畅运行。

岗位关键技能：具备良好的沟通能力和客户服务意识，能够与客户建立长期稳定的关系；熟悉家纺产品的生产流程和质量标准，能够把控产品质量；具备一定的销售和市场推广能力，能够制定有效的销售策略。

薪酬待遇：月薪 5 万～ 10 万元，包括销售提成。

【求职分析建议】

发展前景：家纺行业竞争激烈但需求稳定。未来可晋升为区域经理或业务总监，也可自主创业或转向电商等新兴渠道发展。

入职门槛：通常要求大专及以上学历，纺织、市场营销等相关专业优先；非相关专业可通过经验积累进入行业，但需具备良好沟通能力与市场敏感度。

相似岗位：区域销售经理、客户关系经理、市场推广经理。

合适学科专业：市场营销、纺织工程、服装设计与工程、工商管理、电子商务。

岗位 15：国际化市场专员（互联网）

主要工作内容：负责与国际客户的沟通与合作，推动互联网产品或服务在国际市场上的推广和落地。日常工作包括客户关系维护、市场调研、需求分析以及协助团队完成国际化项目。

岗位关键技能：具备良好的文化沟通能力，包括英语等外语沟通能力，能够与国际客户进行有效交流；熟悉互联网行业基础知识，能够快速理解客户需求并提供解决方案；具备跨文化沟通能力，能够适应不同国家和地区的商业文化；具备较强的学习能力和适应能力，能够快速掌握新知识和新技能。

薪酬待遇：月薪 2 万～ 3 万元。

【求职分析建议】

发展前景：未来可晋升为国际化市场经理或高级专员，也可转向人工智能、大数据等新兴技术领域的国际化业务发展。

入职门槛：通常要求本科及以上学历，专业背景较为灵活，但需要具备互联网行业基础知识和良好的英语沟通能力。非相关专业可通过积累相关工作经验和学习行业知识进入该行业。

相似岗位：国际市场经理、海外营销专员、国际商务拓展专员。

合适学科专业：市场营销、英语、国际经济与贸易、计算机科学与技术、传播学。

岗位 16：销售专员（生物医药）

主要工作内容：负责与客户沟通，洽谈合作，推动产品销售。日常工作需要深入了解客户需求，从客户角度出发提供解决方案，帮助客户实现价值。

岗位关键技能：具备良好的沟通能力和客户洞察力，能够从客户角度出发提供解决方案；熟悉生物行业产品知识，能够准确传达产品优势；具备一定的市场分析能力，能够把握行业动态和客户需求。

薪酬待遇：年薪 15 万～ 30 万元。

【求职分析建议】

发展前景：可晋升为销售经理、区域销售主管，管理销售团队，拓展业务；或转向市场营销、客户关系管理等领域发展。

入职门槛：本科及以上学历，生物科学、药学、生物医学工程等相关专业优先。非专业背景者需具备丰富销售经验及出色沟通能力，快速学习生物医药知识。

相似岗位：销售代表、客户经理、市场专员。

合适学科专业：生物科学、药学、生物医学工程、市场营销、商务管理。

岗位 17：解决方案行销工程师（制造业）

主要工作内容：负责处理技术问题，制定解决方案，协助销售团队与客户沟通，确保技术方案满足客户需求。日常工作需要结合技术和市场知识，为客户提供专业的解决方案。

岗位关键技能：具备扎实的理工科背景，能够处理复杂的技术问题；熟悉制造业的业务流程和市场需求；具备良好的沟通能力和团队协作能力，能够与销售团队和客户有效沟通；具备一定的项目管理能力，能够协调资源完成方案交付。

薪酬待遇：月薪 2 万～ 3 万元。

【求职分析建议】

发展前景：随着制造业的数字化转型，可晋升为解决方案经理或 AI 应用产品经理，也可转向技术咨询、产品管理等领域发展。

入职门槛：通常要求本科及以上学历，985、211 或双一流高校毕业优先，理工科专业（如软件工程、机械工程等）背景优先，需要具备扎实的专业知识和一定的项目经验。

相似岗位：技术销售工程师、售前支持工程师、客户解决方案经理。

合适学科专业：软件工程、机械工程、电气工程、自动化、计算机科学与技术。

岗位 18：课程顾问（教育行业）

主要工作内容：负责接待家长，介绍和推荐各类课程（如英语培训等），并协助家长完成课程报名。日常工作需要与家长进行有效沟通，了解学生需求，提供个性化的课程建议。

岗位关键技能：具备良好的沟通能力和客户服务意识，能够与家长建立信任关系；熟悉教育行业课程体系和市场需求；具备一定的销售技巧，有效促成课程报名；能够承受一定的业绩压力。

薪酬待遇：月薪 1 万元左右。

【求职分析建议】

发展前景：随着教育市场的逐步规范和需求的多样化，可晋升为销售渠道主管或区域经理，负责更大区域的团队管理和业务拓展；或转向教育咨询、课程设计等岗位，深化专业技能，拓宽职业发展路径。

入职门槛：对学历要求不高，但需具备优秀的沟通能力和客户服务意识。教育类、市场营销等相关专业优先，有教育行业销售或客服经验者优先。

相似岗位：销售专员、教育咨询师、课程规划师。

合适学科专业：教育学、市场营销、心理学、英语、汉语。

岗位 19：售前客服专员（移动终端产品）

主要工作内容：负责解答客户的售前问题，包括产品规格、功能咨询等。日常工作需要与客户进行有效沟通，提供专业的售前支持，帮助客户更好地了解产品并促成购买。

岗位关键技能：具备良好的沟通能力，能够耐心解答客户问题；熟悉产品及相关技术知识，能够提供准确的产品信息；具备较强的服务意识，能够处理客户的情绪和问题；具备一定的销售技巧，能够引导客户完成购买。

薪酬待遇：月薪 7000 ～ 8000 元。

【求职分析建议】

发展前景：消费电子行业对售前客服专员需求稳定，可晋升为客服主管、经理，负责团队管理与业务优化；可转向客户关系管理、销售支持等领域。

入职门槛：一般要求大专及以上学历，计算机、电子等相关专业优先，需具备良好沟通能力与一定产品知识，能独立完成售前支持任务。

相似岗位：客服专员、销售支持专员、客户咨询顾问。

合适学科专业：市场营销、电子商务等。

岗位 20：市场专员（物流快递）

主要工作内容：负责物流市场的宣传和客户拓展，帮助客户完成从中国到外国的电商清关、运输和仓储服务。日常工作包括客户咨询、项目协调以及供应链管理。

岗位关键技能：具备良好的沟通能力，能够与客户进行有效沟通并提供解决方案；熟悉物流和供应链管理流程，能够处理复杂的物流需求；具备一定的市场拓展能力，能够寻找潜在客户并促成合作；熟练掌握英语，能够与国际客户进行无障碍交流。

薪酬待遇：月薪 1 万元左右。

【求职分析建议】

发展前景：物流行业是相对稳定发展的行业，可晋升为物流市场主管、经理，也可转向供应链管理、物流咨询等领域发展。

入职门槛：一般要求本科及以上学历，物流管理、国际贸易等相关专业优先，需具备良好沟通能力和一定的物流行业经验，能够独立完成市场拓展和客户咨询任务。

相似岗位：物流销售专员、供应链专员、国际物流业务员。

合适学科专业：物流管理、国际贸易、市场营销、商务英语、供应链管理。

岗位 21：销售经理（房地产）

主要工作内容：负责房地产项目的销售管理，包括客户咨询、房源推荐、合同签订等。日常工作需要与客户进行有效沟通，了解客户需求并提供专业的购房建议。

岗位关键技能：具备扎实的房地产市场知识，能够准确把握市场动态；具备良好的沟通能力和客户服务意识，能够与客户建立信任关系；具备较强的销售技巧，能够有效促成交易；熟悉房地产交易流程和相关政策法规。

薪酬待遇：月薪 1 万～ 3 万元。

【求职分析建议】

发展前景：房地产行业虽然受市场波动影响较大，但需求依然存在。未来可晋升为销售总监或区域经理，也可转向房地产咨询规划、项目管理等领域发展。

入职门槛：一般对学历要求不高，但良好的沟通能力和销售技巧是必备条件。房地产、市场营销等相关专业优先，有相关工作经验者更佳。

相似岗位：房地产销售专员、房地产市场专员、房地产客户经理。

合适学科专业：市场营销等。

岗位 22：大宗商品贸易业务经理

主要工作内容：负责大宗商品的贸易业务，包括与客户沟通、寻找货源、执行交易等。日常工作需要与上下游客户进行有效沟通，确保交易顺利进行。

岗位关键技能：具备扎实的国际贸易知识，能够高效完成大宗商品的交易；熟悉期货市场和定价机制，能够根据市场动态调整交易策略；具备良好的沟通能力和客户关系管理能力，能够与客户建立长期合作关系；具备较强的责任心和细心，确保交易的准确性和及时性。

薪酬待遇：月薪 3 万～ 4 万元。

【求职分析建议】

发展前景：大宗商品行业发展稳定，对人才需求持续增长，可晋升为贸易主管、部门经理，负责更广泛业务与团队管理；或转向贸易咨询、风险管理等领域发展。

入职门槛：通常要求本科及以上学历，国际贸易、金融、会计、经济学、商务管理等相关专业优先，需具备扎实专业知识和一定贸易经验，能独立完成交易任务，有良好沟通协作能力。

相似岗位：贸易专员、供应链经理、国际贸易业务员。

合适学科专业：国际贸易、金融学、会计学、经济学、商务管理。

岗位 23：招商专员（商业地产）

主要工作内容：负责商业地产项目的招商工作，包括项目规划定位、品牌招商、租户调换等。日常工作需要与潜在租户进行沟通，了解市场需求，制定招商策略，并推动项目顺利进行。

岗位关键技能：具备良好的市场洞察力，能够准确把握商业地产市场动态和消费者需求；熟悉招商流程和策略，能够高效完成招商任务；具备较强的沟通能力和谈判技巧，能够与潜在租户建立良好的合作关系；具备良好的团队协作能力，能够与项目团队成员有效协作。

薪酬待遇：月薪 0.8 万～ 2 万元。

【求职分析建议】

发展前景：未来可晋升为招商主管或招商经理，负责更大项目与团队管理；积累经验后，可转向商业地产咨询、项目管理等领域发展。

入职门槛：通常要求本科及以上学历，市场营销、商业管理等相关专业优先，需要具备市场分析能力与一定招商经验，能独立完成招商任务。

相似岗位：商业地产招商主管、招商经理、市场拓展专员。

合适学科专业：市场营销、商业管理、经济学、工商管理、房地产经营与管理。

研发与产品类（9 个）

岗位 24：用户研究员（互联网）

主要工作内容：负责收集和分析用户需求，通过访谈、问卷等方式了解用户对产品或服务的看法，尤其是针对特定问题（如用户流失、购买决策等）进行深入调研。将调研结果整理成报告，为公司决策提供数据支持。

岗位关键技能：具备良好的沟通能力，能够与用户进行有效访谈并获取真实反馈；具备较强的数据分析能力，能够从用户反馈中提炼有价值的信息；熟悉心理学、社会学、统计学等基础知识，能够运用相关理论指导调研工作；具备较强的逻辑思维和报告撰写能力，能够清晰呈现调研结论。

薪酬待遇：月薪 0.8 万～ 1.5 万元。

【求职分析建议】

发展前景：可晋升为高级用户研究员或用户研究经理，负责团队管理和战略规划。积累经验后，也可转向产品开发与管理、市场决策分析等方向发展。

入职门槛：通常要求本科及以上学历，心理学、社会学、统计学、人类学等相关专业优先，需具备良好的沟通能力和数据分析能力，能够快速掌握用户需求并转化为有价值的调研结果。

相似岗位：市场研究员、数据分析师、用户体验设计师。

合适学科专业：心理学、社会学、统计学、人类学、计算机科学与技术。

岗位 25：产品经理—科技金融

主要工作内容：负责调研客户需求，将客户需求转化为产品方案，并将方案交付给开发团队进行落地实施。日常工作包括与客户沟通、分析需求、设计方案以及协调开发团队确保产品按时交付。

岗位关键技能：具备良好的沟通能力，能够准确理解客户需求并转化为产品需求；熟悉产品设计流程，能够撰写详细的产品需求文档；具备项目管理能力，能够协调开发团队推进项目；对金融行业有一定的了解，能够结合金融业务设计产品。

薪酬待遇：月薪 2 万～ 3 万元。

【求职分析建议】

发展前景：可晋升为高级产品经理，负责产品线规划；也可转向产品战略规划或创业等方向。

入职门槛：通常要求本科及以上学历，需具备良好的逻辑思维和沟通能力，能够快速理解客户需求并转化为产品需求。金融领域可能需相关从业资格证书。

相似岗位：互联网产品经理、金融科技产品经理、高级产品经理。

合适学科专业：计算机科学与技术、信息管理与信息系统、经济管理、软件工程。

岗位 26：人工智能研发工程师

主要工作内容：负责人工智能模型的训练、优化以及数据处理。日常工作包括设计和实现算法、优化模型性能、处理和分析数据等。

岗位关键技能：具备扎实的计算机科学和数学基础，能够理解和实现复杂的算法；熟悉人工智能和机器学习的基本原理和方法，具备较强的数据处理和分析能力，能够使用相关工具和框架（如 TensorFlow、PyTorch 等）进行模型开发。

薪酬待遇：月薪 5 万～ 10 万元。

【求职分析建议】

发展前景：人工智能行业正处于快速发展阶段，对研发工程师的需求持续增长。未来可晋升为高级研发工程师、技术主管，负责大型项目；或转向 AI 应用研究、应用咨询等领域。

入职门槛：一般要求本科及以上学历，计算机科学、软件工程、数学、统计学、人工智能等相关专业优先，需具备扎实的编程能力和数学基础，熟悉人工智能算法和工具框架，具备良好的团队合作精神和问题解决能力。

相似岗位：机器学习工程师、深度学习工程师、AI 算法工程师。

合适学科专业：计算机科学与技术、软件工程、数学与应用数学、统计学、人工智能。

岗位 27：产品经理—互联网

主要工作内容：负责根据用户需求设计产品功能，并推动研发团队完成产品的上线和优化。日常工作需要与研发、设计、运营等多个团队协作，确保产品按时上线并满足用户需求。

岗位关键技能：具备良好的沟通能力和协调能力，能够与不同部门的团队成员有效协作；熟悉产品设计流程，能够根据用户需求设计出合理的产品功能；具备一定的数据分析能力，能够通过数据反馈优化产品；具备较强的学习能力，能够快速适应市场变化和技术发展。

薪酬待遇：月薪 2 万元左右。

【求职分析建议】

发展前景：产品经理在互联网行业中需求旺盛，随着 AI 技术发展，可晋升为高级产品经理，负责产品线规划；也可转向产品战略规划或创业等方向。

入职门槛：通常要求本科及以上学历，需具备良好的逻辑思维和沟通能力，以及一定的产品设计经验，能够独立完成产品规划和功能设计。

相似岗位：AI 产品经理、细分行业产品经理。

合适学科专业：计算机科学与技术、信息管理与信息系统、经济管理、软件工程。

岗位 28：硬件工程师—电源研发方向（电子信息）

主要工作内容：负责电源相关硬件的研发工作，包括电路设计、板卡测试与优化。日常工作需要分析电路问题，确保硬件设备的稳定和性能。

岗位关键技能：具备扎实的电子电路知识，能够独立完成电路设计和调试；熟悉电源研发流程，能够高效解决技术问题；具备较强的学习能力，能够快速掌握新技术和新工具；具备良好的沟通能力，能够与团队成员有效协作。

薪酬待遇：月薪 1 万元左右。

【求职分析建议】

发展前景：硬件工程师在电子设备制造行业中需求稳定，可晋升为高级硬件工程师、研发主管，负责更大研发项目与团队管理；积累经验后，可转向技术咨询、产品设计等领域。

入职门槛：一般要求本科及以上学历，电子信息工程、电气工程等相关专业优先，需要具备扎实的电子电路基础和一定的研发经验，能够独立完成硬件设计和测试任务。

相似岗位：电源研发工程师、硬件测试工程师、电路设计工程师。

合适学科专业：电子信息工程、电气工程及其自动化、自动化、通信工程、计算机科学与技术。

岗位 29：研发工程师—鞋类材料

主要工作内容：负责鞋类材料的研发工作，包括新材料的寻找、测试和应用。日常工作需要进行实验设计、数据分析和结果验证，确保研发的材料能够满足产品需求。

岗位关键技能：具备扎实的材料科学知识，能够熟练进行材料研发和测试；熟悉鞋类材料的性能要求和应用环境；具备较强的研发能力和创新思维，能够设计和优化材料配方；具备良好的沟通能力，能够与团队成员有效协作。

薪酬待遇：月薪 3 万～ 5 万元。

【求职分析建议】

发展前景：随着鞋类行业对高性能材料需求增长，可晋升为研发主管、技术专家，负责更大研发项目与团队管理；也可转向材料咨询、技术管理等领域发展。

入职门槛：通常要求本科及以上学历，材料科学、高分子材料、化学工程与工艺、纺织科学与工程、应用化学等相关专业优先，需具备扎实专业知识和一定研发经验，有良好沟通协作能力。

相似岗位：材料研发工程师、产品开发工程师、鞋类设计师（研发方向）。

合适学科专业：材料科学与工程、高分子材料与工程、化学工程与工艺、纺织科学与工程、应用化学。

岗位 30：硬件工程师—现场应用方向（电子信息）

主要工作内容：负责硬件产品的技术支持和客户问题解决，日常工作包括技术咨询、故障排查、产品优化等。

岗位关键技能：具备扎实的电子电路知识，能够高效解决硬件技术问题；熟悉硬件产品的设计和开发流程，能够提供专业的技术支持；具备良好的沟通能力，能够与客户和团队成员有效协作；具备较强的问题解决能力，能够快速应对客户反馈。

薪酬待遇：年薪 20 万元左右。

【求职分析建议】

发展前景：硬件工程师在科技行业中需求稳定，可晋升为高级硬件工程师或技术支持主管，负责大范围技术支持与团队管理；也可转向硬件研发、技术咨询等领域发展。

入职门槛：通常要求本科及以上学历，电子工程、计算机科学等相关专业优先，需具备扎实电子电路基础和一定技术支持经验，能独立排查和解决硬件问题，有良好沟通协作能力。

相似岗位：现场应用工程师、技术支持工程师、硬件研发工程师。

合适学科专业：电子工程、计算机科学与技术、通信工程、自动化、电气工程及其自动化。

岗位 31：软件研发工程师—互联网

主要工作内容：负责软件产品的研发工作，包括编写代码、解决技术问题、优化代码性能等。日常工作需要处理大量的技术细节，确保软件的稳定性和高效性。

岗位关键技能：具备扎实的编程基础，能够熟练使用多种编程语言（至少精通一门）；熟悉软件开发流程，能够高效完成代码编写和调试；具备较强的问题解决能力，能够快速定位和解决技术问题；具备良好的团队协作能力，能够与团队成员有效沟通。

薪酬待遇：年薪 20 万元左右。

【求职分析建议】

发展前景：软件研发工程师在信息技术（IT）行业中需求旺盛，可晋升为高级开发工程师、技术主管或架构师，负责复杂技术开发和团队管理；未来可转向人工智能、大数据、云计算等新兴技术领域发展，也可转向技术咨询、架构设计等领域发展。

入职门槛：通常要求本科及以上学历，计算机科学与技术、软件工程等相关专业优先；需具备扎实的编程基础和项目经验，非相关专业者可通过自学或培训进入，但需通过技术面试和项目考核。

相似岗位：前端开发工程师、后端开发工程师、全栈开发工程师。

合适学科专业：计算机科学与技术、软件工程、信息与计算科学、电子信息工程、数据科学与大数据技术。

岗位 32：通信研发工程师（通信行业）

主要工作内容：负责通信领域的研发工作，特别是军工通信相关的技术开发和产品设计。日常工作需要进行技术研究、方案设计和产品测试，确保研发项目的顺利推进。

岗位关键技能：具备扎实的通信专业知识，能够高效完成研发任务；熟悉通信系统的设计和开发流程，能够解决复杂的技术问题；具备较强的研发能力和创新思维，能够推动技术进步；具备良好的团队协作能力，能够与团队成员有效沟通。

薪酬待遇：年薪 5 万～ 10 万元。

【求职分析建议】

发展前景：随 5G、6G 等新技术发展，通信研发工程师在通信行业中需求旺盛，可晋升为高级研发工程师或技术主管；积累经验后，也可转向技术咨询、项目管理等领域发展。

入职门槛：通常要求本科及以上学历，通信工程、电子信息等相关专业优先，需具备扎实专业知识和一定研发经验，能独立完成通信产品开发和测试，有良好沟通协作能力。

相似岗位：通信工程师、硬件工程师、射频工程师。

合适学科专业：通信工程、电子信息工程、自动化、电子科学与技术、信息工程。

设计与创意类（12 个）

岗位 33：图书设计（出版行业）

主要工作内容：负责图书设计项目的整体规划与执行，与出版社、教育机构等合作完成图书的封面设计、排版设计、插图绘制等工作。日常工作包括与客户沟通需求、协调团队成员完成设计任务、把控项目进度和质量。

岗位关键技能：具备扎实的平面设计能力，熟练掌握主要设计软件；熟悉图书出版流程，能够根据客户需求提供专业的设计解决方案；具备良好的沟通能力和团队管理能力，能够协调团队成员高效完成项目。

薪酬待遇：月薪 1 万～ 2 万元。

【求职分析建议】

发展前景：随着文化产业的发展，优质图书对设计的需求依然存在，图书设计可拓展至电子书、多媒体等设计领域，也可转向创意设计、艺术指导等岗位。

入职门槛：对学历要求不高，但需具备扎实的设计基础和丰富项目经验，可通过实习提升专业能力和客户资源。

相似岗位：平面设计师、UI 设计师、新媒体编辑。

合适学科专业：视觉传达设计、数字媒体艺术、美术学、广告学、包装设计。

岗位 34：游戏 UI 设计（游戏行业）

主要工作内容：负责游戏界面图绘制、界面设计等工作，协助资深设计师完成项目任务。日常工作以基础设计工作为主，需要快速学习并适应游戏设计的风格和要求。

岗位关键技能：具备扎实的视觉传达设计基础，能够熟练使用设计软件（如 Photoshop、Illustrator 等）；对游戏 UI 设计有浓厚兴趣，能够快速学习行业知识和技能；具备良好的团队协作能力，能够协助完成项目任务。

薪酬待遇：年薪 12 万～ 15 万元。

【求职分析建议】

发展前景：游戏 UI 设计行业竞争激烈，对优秀设计师的需求依然旺盛，未来可晋升为游戏 UI 高级设计师或团队负责人，负责核心设计工作和团队管理；也可转向游戏美术、交互设计等领域发展。

入职门槛：通常要求本科及以上学历，视觉传达、数字媒体等相关专业优先，需要具备一定的设计基础和作品集，能够展示自己的设计能力和潜力。

相似岗位：游戏美术设计师、交互设计师、UI/UX 设计师。

合适学科专业：视觉传达设计、数字媒体艺术、动画、计算机科学与技术、艺术设计学。

岗位 35：影视编导（影视传媒）

主要工作内容：负责影视作品的拍摄、剪辑以及后期制作，同时也涉及选题策划和创意构思。日常工作需要结合自身阅历和知识面，寻找有价值的选题，并将其转化为吸引观众的内容。

岗位关键技能：具备扎实的影视制作基础，能够熟练操作拍摄设备和剪辑软件；具备良好的创意构思能力，能够策划和设计吸引人的选题；具备广泛的阅历和知识面，能够从不同领域获取灵感；具备良好的沟通能力，能够与团队成员和客户进行有效交流。

薪酬待遇：月薪 0.7 万～ 2 万元。

【求职分析建议】

发展前景：随着短视频、自媒体等新兴媒体的发展，编导岗位的机会也在增加，可晋升为高级编导、制片人或导演，或转向影视策划、自媒体运营等领域发展。

入职门槛：通常要求本科及以上学历，影视、传媒等相关专业优先。非相关专业需具备扎实的影视制作基础和创意能力，通过实习或作品集积累经验。

相似岗位：导演、编剧、选题策划。

合适学科专业：广播电视学、戏剧影视文学、导演、数字媒体艺术、新闻传播学。

岗位 36：电视新闻编辑（新闻媒体）

主要工作内容：负责电视新闻内容的编辑、编译和发布，包括对新闻素材的整理、剪辑和审核，确保新闻内容的准确性和时效性。日常工作需要处理大量的新闻稿件和视频素材，进行内容优化和审核。

岗位关键技能：具备扎实的新闻编辑能力，能够快速处理和优化新闻内容；熟悉电视新闻制作流程，能够高效完成编辑和发布工作；具备良好的语言能力，尤其是对于国际新闻编辑，需要掌握相关外语；具备较强的时间管理能力，能够在紧张的工作时间内完成任务。

薪酬待遇：月薪 1 万元左右。

【求职分析建议】

发展前景：随着媒体行业的数字化转型，电视新闻编辑的需求依然稳定，未来可晋升为高级编辑或部门主管，也可转向新媒体编辑、内容策划等领域发展。

入职门槛：通常要求本科及以上学历，新闻、传媒等相关专业优先，需要具备扎实的新闻编辑基础和良好的语言能力，尤其是国际新闻编辑岗位，外语能力是必须要求。

相似岗位：新媒体编辑、记者、内容策划。

合适学科专业：新闻学、传播学、广播电视学、汉语言文学、外语。

岗位 37：影视后期制作（影视传媒）

主要工作内容：负责影视作品的后期制作，包括特效制作、建模、剪辑等工作。日常工作需要根据客户需求进行方案设计和修改，确保作品的质量和效果。

岗位关键技能：具备扎实的影视后期制作技能，熟练掌握相关软件（如 Adobe Premiere、After Effects 等）；具备良好的沟通能力，能够与客户有效沟通并根据反馈进行修改；具备较强的抗压能力，能够应对高强度的工作任务。

薪酬待遇：月薪 1 万～ 5 万元。

【求职分析建议】

发展前景：影视后期制作行业需求稳定，随着行业的快速发展，专业人才需求持续增长，未来可晋升为后期制作主管或项目经理，负责团队管理和项目协调。积累丰富经验后，也可转向影视特效导演、创意总监等方向发展。

入职门槛：通常要求本科及以上学历，影视、传媒、动画等相关专业优先。非相关专业可通过参加培训机构学习相关技能后进入该行业，但需要具备一定的艺术基础和创造力。

相似岗位：视频剪辑师、特效师、动画师。

合适学科专业：影视制作、数字媒体艺术、动画、传媒学、广告设计。

岗位 38：漫画设计助理（游戏动漫）

主要工作内容：协助主笔完成漫画创作，包括绘制草图、上色、细化线条等工作。日常工作需要根据主笔的风格和要求进行创作，确保作品的整体风格一致。

岗位关键技能：具备扎实的绘画基础，能够熟练使用绘图软件（如 Photoshop、SAI 等）；具备良好的沟通能力和团队协作能力，能够与主笔和其他团队成员有效合作；能够快速适应主笔的风格并进行创作。

薪酬待遇：月薪 5000 ～ 8000 元。

【求职分析建议】

发展前景：随着数字媒体的发展，未来可晋升为主笔，负责独立创作漫画作品；也可向插画师、绘本画家等方向发展，与出版社合作出版作品。积累丰富经验后，还可参与漫画项目的策划和管理。

入职门槛：通常要求本科及以上学历，插画、绘画等相关专业优先，需要具备扎实的绘画基础和一定的创作经验，具备良好的沟通能力和团队协作能力，能够快速适应团队协作环境。若掌握使用 AI 的能力则更有竞争力。

相似岗位：插画师、绘本画家、美术编辑。

合适学科专业：插画、绘画、动画、数字媒体艺术、视觉传达设计。

岗位 39：灯光设计师（设计行业）

主要工作内容：负责各类空间（如店面、室内、室外环境等）的灯光设计，包括绘制灯光布局图、选择合适的灯具以及与施工方沟通确保设计方案的实施。日常工作需要结合设计软件进行方案设计，并与施工团队紧密合作。

岗位关键技能：具备扎实的灯光设计专业知识，能够根据空间需求设计合适的灯光方案；熟悉各类灯具的性能和应用场景；具备良好的沟通能力，能够与施工方有效协调；具备一定的设计软件操作能力，具有使用 AI 的能力则更有竞争力。

薪酬待遇：月薪 7000 元左右。

【求职分析建议】

发展前景：随着人们对空间美学和功能性需求的提升，灯光设计师的需求依然存在，未来可晋升为高级灯光设计师或设计团队负责人，也可转向室内设计、照明咨询等领域发展。

入职门槛：通常要求本科及以上学历，灯光设计、室内设计等相关专业优先，需要具备扎实的专业知识和一定的设计经验，能够独立完成灯光设计方案。

相似岗位：室内设计师、照明工程师、设计团队负责人。

合适学科专业：灯光设计、室内设计、环境艺术设计、建筑学、艺术设计学。

岗位 40：平面设计师（设计行业）

主要工作内容：负责设计相关的视觉作品，包括但不限于宣传海报、品牌标识、宣传册等。日常工作需要根据客户需求进行创意构思和设计制作，确保设计方案的美观性和实用性。

岗位关键技能：熟练掌握设计软件（如 Photoshop、Illustrator 等）；具备良好的审美能力和创意构思能力；熟悉设计流程和规范，能够高效完成设计任务；具备一定的沟通能力，能够理解客户需求并进行有效反馈。

薪酬待遇：月薪 1 万～ 2 万元。

【求职分析建议】

发展前景：随着数字媒体和广告行业的发展，未来可晋升为设计主管或创意总监，负责更大范围的设计项目和团队管理，也可转向品牌策划、UI/UX 设计等领域发展。

入职门槛：通常要求本科及以上学历，视觉传达设计、工业设计等相关专业优先，需要具备扎实的设计基础和软件操作能力，能够独立完成设计任务。

相似岗位：设计主管、创意总监、UI/UX 设计师。

合适学科专业：视觉传达设计、工业设计、数字媒体艺术、动画、艺术设计学。

岗位 41：服装设计师（服饰时尚）

主要工作内容：负责服装企划、流行趋势分析、设计图绘制以及面料选择等工作。日常工作需要结合市场需求和流行趋势，设计出符合品牌定位的服装产品。

岗位关键技能：具备扎实的服装设计专业知识，能够独立完成设计图绘制和面料选择；熟悉服装制作流程，能够与生产团队有效沟通；具备良好的审美能力，能够准确把握流行趋势和客户需求；具备一定的市场分析能力，能够根据市场需求调整设计风格。

薪酬待遇：月薪 1 万元以下。

【求职分析建议】

发展前景：随着服装市场的不断发展，对优秀设计师的需求依然存在，可晋升为高级设计师、设计总监或独立设计师；也可转向服装品牌策划、时尚咨询等领域发展。

入职门槛：一般要求本科及以上学历，服装设计、时尚设计等相关专业优先，需具备扎实设计基础和一定项目经验，能独立完成设计任务。

相似岗位：时尚设计师、服装搭配师、服装企划专员。

合适学科专业：服装设计、时尚设计、服装工程、纺织品设计。

岗位 42：广告视频设计师

主要工作内容：负责从拍摄到剪辑、包装的全流程制作，主要涉及游戏相关的广告视频设计。日常工作需要紧跟市场热点，结合客户需求制作吸引人的广告内容。

岗位关键技能：具备扎实的视频制作技能，能够熟练使用相关软件进行剪辑和特效制作；熟悉广告视频的制作流程，能够高效完成从拍摄到后期制作的全过程；具备良好的创意能力，能够根据市场需求设计吸引人的广告内容；具备较强的市场敏感度，能够紧跟热点趋势。

薪酬待遇：月薪 1 万～ 2 万元。

【求职分析建议】

发展前景：随着互联网和短视频平台的发展，广告视频设计需求持续增长，可晋升为设计主管、创意总监；也可转向广告策划、品牌推广等领域发展。

入职门槛：一般要求本科及以上学历，数字媒体技术、广告学、影视制作等相关专业优先，需具备扎实的视频制作技能和创意能力，能独立完成广告视频制作；具有 AI 全链条工作能力者，更有竞争力。

相似岗位：影视剪辑师、广告设计师、创意视频策划师。

合适学科专业：数字媒体技术、广告学、影视制作、动画、艺术设计学。

岗位 43：编剧（影视制作）

主要工作内容：负责剧本的策划和撰写，包括故事构思、角色设定、情节发展等。日常工作需要与制片方、导演和其他编剧沟通协作，确保剧本的质量和项目进度。

岗位关键技能：具备扎实的编剧技巧，能够撰写吸引人的剧本；熟悉影视行业的运作流程，能够根据市场需求调整剧本内容；具备良好的沟通能力，能够与团队成员有效协作；具备较强的故事创作能力，能够独立完成剧本撰写。

薪酬待遇：编剧的收入水平差异较大，按项目收费，一般项目收入在几万元至数十万元不等。

【求职分析建议】

发展前景：随着自媒体的高速发展，影视市场对优秀编剧需求稳定增长，可晋升为资深编剧、编剧顾问，扩大创作范围；积累经验后，也可转向导演、制片人领域发展。目前，本领域受到 AI 影响较大。

入职门槛：通常要求本科及以上学历，影视、编剧、文学、戏剧、传媒等相关专业优先，需具备扎实的编剧基础和创作经验，能独立完成高质量剧本，有良好沟通协作能力；具有 AI 应用能力则更具有竞争力。

相似岗位：编导、内容策划、新媒体运营。

合适学科专业：影视文学、戏剧影视文学、汉语言文学、编剧、传媒学。

岗位 44：编导（新媒体方向）

主要工作内容：负责视频内容的编排、拍摄和剪辑，主要面向新媒体平台。日常工作需要结合平台特点和受众需求，创作吸引人的视频内容。

岗位关键技能：具备扎实的编导知识，能够高效完成视频内容的创作；熟悉新媒体平台的运营规则和受众喜好，能够设计出符合平台特点的内容；具备良好的创意能力，能够提出独特的视频创意和拍摄方案；具备较强的沟通能力，能够与团队成员有效协作。

薪酬待遇：月薪 1 万元左右。

【求职分析建议】

发展前景：随着短视频和直播平台的不断发展，编导在新媒体行业需求旺盛，可晋升为高级编导或内容总监，负责更大范围内容创作和团队管理；也可转向内容策划、新媒体运营等领域。

入职门槛：通常要求本科及以上学历，编导、影视制作等相关专业优先，需具备扎实编导基础和一定视频创作经验，能独立完成视频内容编排和剪辑，有良好沟通协作能力。

相似岗位：导演、内容策划、新媒体运营。

合适学科专业：编导、影视制作、广播电视编导、数字媒体艺术、传播学。

运营与专业技术类（31 个）

岗位 45：业务架构师（互联网）

主要工作内容：分析客户业务中遇到的棘手问题，结合最新的技术趋势和可落地的技术手段，为客户制定全面的整改和优化建议，涵盖技术、流程、组织和技能等多个方面。工作以完成目标为导向，工作时间灵活，但任务繁忙时需要高强度投入。

岗位关键技能：具备商业和业务洞察力，能够分析客户棘手问题并结合最新技术趋势提供整改和优化建议；具备扎实的技术根基，熟悉流程、组织、技能等多方面内容；对客户热情，有成就客户的信念，能够从客户利益出发提供最适合的方案。

薪酬待遇：年薪 15 万～ 30 万元。

【求职分析建议】

发展前景：未来可晋升为高级业务架构师，进入企业战略规划层面，负责整体业务架构设计和优化，职业发展空间广阔。

入职门槛：通常要求本科及以上学历，计算机科学与技术、信息管理与信息系统、经济学等相关专业优先，需具备商业和业务洞察力，可通过实习、项目实践积累经验；同时需掌握相关技术知识，可通过学习课程和考取证书提升竞争力。

相似岗位：系统架构师、解决方案架构师、企业架构师。

合适学科专业：计算机科学与技术、信息管理与信息系统、经济学、软件工程、管理科学与工程。

岗位 46：空中交通管制员（民航业）

主要工作内容：负责航班的调配和飞机的起降指挥，确保航班的安全、有序运行。工作需要高度集中注意力，尤其是在航班密度高、规律不明显时，需要快速做出决策并进行有效的调配。

岗位关键技能：具备扎实的航空专业知识，熟悉空中交通管制规则和流程；具备良好的应急处理能力和决策能力，能够在复杂情况下迅速做出正确判断；具备较强的沟通能力，能够与飞行员、机场等多方进行有效沟通。

薪酬待遇：月薪 1 万～ 2 万元。

【求职分析建议】

发展前景：空中交通管制员是民航系统中不可或缺的重要岗位，可晋升为高级管制员或管理岗位；积累经验后可转向民航安全管理、航空运营规划等领域发展。

入职门槛：通常要求本科及以上学历，交通运输、航空管制等相关专业优先；需通过严格体检和专业培训，获得空中交通管制员资格证，具备良好的身体素质和心理素质。

相似岗位：飞行签派员、航空运营调度员、民航安全管理员。

合适学科专业：交通运输、航空管制、飞行技术、安全工程、信息管理与信息系统。

岗位 47：直播电商选品（直播电商）

主要工作内容：负责整理样品，协助团队上架商品，检测商铺链接是否存在问题。日常工作以基础的选品和运营工作为主，尚未涉及深入的选品决策和商务对接。

岗位关键技能：具备细心和耐心，能够处理繁琐的样品整理和核对工作；熟悉电商运营的基本流程，能够协助完成商品上架和链接检测；具备一定的学习能力，能够快速适应直播电商的工作节奏。

薪酬待遇： 月薪 1 万元以内。

【求职分析建议】

发展前景： 直播电商行业正处于快速发展阶段，未来可晋升为选品专员或选品经理，负责更核心的选品策略和商务对接工作；也可转向直播运营、电商营销等领域发展。

入职门槛： 通常要求本科及以上学历，国际商务、电子商务等相关专业优先。对学历和专业要求不高，但需要具备细心和耐心，能够适应电商运营的工作节奏。

相似岗位： 选品经理、直播运营、单品运营经理。

合适学科专业： 电子商务、市场营销、国际商务、物流管理、工商管理。

岗位 48：工程物资管理（国际工程）

主要工作内容： 负责国际工程项目中的物资管理，包括进出口关税代理、物资采购、物流协调等工作。日常工作需要处理复杂的国际物流和关税问题，确保物资按时、合规地到达项目现场。

岗位关键技能： 具备扎实的国际物流和关税知识，能够处理复杂的进出口手续；熟悉国际工程项目流程，能够协调多方资源确保物资供应；具备良好的外语能力（英语或其他小语种），能够与国际团队和客户进行有效沟通；具备较强的学习能力和适应能力，能够快速适应不同国家的工作环境。

薪酬待遇： 月薪 1 万元以上。

【求职分析建议】

发展前景： 可晋升为物资管理经理或项目主管，或转向国际物流、供应链管理领域发展，前景广阔。

入职门槛：本科及以上学历，如物流管理、国际贸易等，需具备外语沟通能力，熟悉国际物流与关税流程，有相关工作经验者更佳。

相似岗位：物流协调员、供应链管理专员、国际采购专员。

合适学科专业：物流管理、国际贸易、交通运输、供应链管理、工程管理。

岗位 49：游戏主播（直播）

主要工作内容：通过直播平台进行游戏直播，与观众互动，展示游戏技巧和娱乐内容。日常工作包括选择游戏、调整直播状态、与粉丝互动等。

岗位关键技能：具备高超的游戏技能，能够在游戏中取得优异成绩；具备良好的沟通能力和互动能力，能够与观众保持良好的关系；具备较强的抗压能力，能够在直播中保持冷静和专业。

薪酬待遇：游戏主播的收入水平差异较大，成熟主播月薪 1 万～3 万元，收入水平受粉丝数量和直播平台分成影响较大。

【求职分析建议】

发展前景：可晋升为直播团队负责人、游戏解说、电竞赛事策划等岗位，未来可晋升为主播团队的负责人或导师，负责培养新人或管理团队。积累丰富经验后，也可转向游戏解说、电竞赛事策划等领域发展。

入职门槛：通常对学历要求不高，但需具备扎实的游戏技能和良好的直播表现能力。通过直播平台的审核和试播并积累一定粉丝基础后才能获得稳定收入。

相似岗位：游戏解说、直播运营、内容策划。

合适学科专业：数字媒体艺术、播音与主持艺术、工商管理、市场营销、计算机科学与技术。

岗位 50：配送员（物流快递）

主要工作内容：负责各类物品（如文件、鲜花、蛋糕、食品等）的配送服务。日常工作需要根据订单要求，及时将物品送达指定地点，并确保物品的安全和完整。

岗位关键技能：具备良好的时间管理能力，能够高效完成配送任务；熟悉城市路况，能够快速规划最优配送路线；具备基本的沟通能力，能够与客户进行有效交流；熟练使用智能手机和导航工具，确保配送的准确性。

薪酬待遇：月薪 1 万元以下。

【求职分析建议】

发展前景：随着互联网经济发展，跑腿配送行业需求快速增长，未来可晋升为配送团队负责人，负责团队管理和业务拓展，或自学向其他领域转型。

入职门槛：通常对学历要求不高，但需具备基本交通工具（如电动车、摩托车等），并熟练使用智能手机和导航工具。

相似岗位：快递员、物流专员、配送调度员。

合适学科专业：不限。

岗位 51：外卖骑手（物流快递）

主要工作内容：负责外卖订单的配送工作，确保在规定时间内将餐品或物品安全、准确地送达客户手中。日常工作需要长时间在户外工作，应对各种天气条件和交通状况。

岗位关键技能：具备良好的时间管理能力，能够高效完成配送任务；熟悉城市路况，能够快速规划最优配送路线；具备基本的沟通能力，能够与客户进行有效交流；熟练使用智能手机和导航工具，确保配送的准确性。

薪酬待遇：月薪 1 万元以下。

【求职分析建议】

发展前景：外卖行业需求稳定，随互联网经济发展，可晋升为配送团队负责人，负责团队管理和业务拓展；积累经验后，也可转向物流管理、城市配送规划等领域发展。

入职门槛：通常对学历要求不高，但需具备基本交通工具（如电动车、摩托车等），并熟练使用智能手机和导航工具。

相似岗位：快递员、物流专员、配送调度员。

合适学科专业：不限。

岗位 52：汽车零部件采购专员

主要工作内容：负责汽车零部件的采购工作，包括与供应商询价、谈判、签订合同以及新部件的询价等全流程工作。日常工作需要与供应商进行密切沟通，确保采购成本的优化和供应的稳定性。

岗位关键技能：具备良好的沟通和谈判能力，能够与供应商有效协商价格和条款；熟悉汽车零部件行业的采购流程和市场动态；具备一定的数据分析能力，能够进行成本分析和价格评估；掌握一门外语（如日语、英语）是加分项，尤其在外企环境中。

薪酬待遇：月薪 1 万元左右。

【求职分析建议】

发展前景：随着新能源汽车的兴起，可晋升为采购主管或经理，负责更广泛的采购管理和团队领导；或转向供应链管理、成本控制等领域，实现职业发展。

入职门槛：本科及以上学历，专业背景较为灵活，但汽车、机械、物流等相关专业优先，需具备良好的沟通能力和团队合作精神。

相似岗位：供应链专员、物流专员、采购助理。

合适学科专业：汽车工程、机械工程、物流管理、国际经济与贸易、外语。

岗位 53：培训机构讲师（教育培训）

主要工作内容：负责考公、考编课程的教学，包括授课、师资培训、课程设计以及考公、考编相关数据的整理和分析。日常工作需要与学员进行有效沟通，帮助他们提升考试能力。

岗位关键技能：具备良好的教学能力和沟通能力，能够与学员建立良好的互动；熟悉考公、考编流程和考试要求，能够提供针对性的指导；具备一定的管理能力，能够负责师资培训和课程设计。

薪酬待遇：月薪 1.5 万～ 2 万元。

【求职分析建议】

发展前景：可晋升为培训主管、课程开发总监或课程总监，或转向教育咨询、自主创业等方向，拓宽职业发展路径。

入职门槛：通常要求研究生及以上学历，教育学、心理学、管理学等相关专业优先；具备扎实的考公、考编专业知识与教学经验，能够独立授课和完成课程设计。

相似岗位：培训主管、课程设计师、教育咨询师。

合适学科专业：教育学、行政管理、管理学、汉语言文学、法学。

岗位 54：银行职员

主要工作内容：负责银行日常业务的办理，包括客户接待、业务咨询、交易处理等。日常工作需要保持高度的专业性和责任心，确保业务的准确性和高效性。

岗位关键技能：具备扎实的金融专业知识，能够准确处理各类银行业务；熟悉银行操作流程和相关法规，确保业务合规；具备良好的沟通能力和客户服务意识，能够与客户建立良好的关系；具备一定的抗压能力，能够应对高强度的工作环境。

薪酬待遇：年薪 12 万～ 20 万元。

【求职分析建议】

发展前景：银行业作为金融行业的核心，未来可晋升为银行主管或经理，积累丰富经验后，也可转向金融咨询、风险管理等领域发展。

入职门槛：通常要求本科及以上学历，经济、金融、管理等相关专业优先，需要具备金融从业相关证书，如银行从业资格证等。

相似岗位：银行柜员、客户经理、金融顾问。

合适学科专业：金融学、经济学、管理学、会计学、市场营销。

岗位 55：金融分析师

主要工作内容：负责撰写与金融行业相关的研究报告，为投资经理提供投资建议。日常工作需要分析市场数据，撰写研究报告，并与团队成员沟通协作，确保研究成果能够有效支持投资决策。

岗位关键技能：具备扎实的金融知识，能够准确分析市场数据并撰写高质量的研究报告；熟悉金融市场和投资工具，能够为投资决策提供专业建议；具备较强的数据分析能力，能够高效处理和分析大量数据；具备良好的沟通能力，能够与团队成员和管理层有效协作。

薪酬待遇：收入水平较高，月薪不少于 5 万元。

【求职分析建议】

发展前景： 金融分析师在银行、证券等金融机构中需求稳定，未来可晋升为高级分析师或研究主管，也可转向投资管理、风险管理等领域发展。本领域受到 AI 影响较大。

入职门槛： 通常要求研究生及以上学历，金融、经济、数学、统计学、财务管理等相关专业优先，需具备扎实专业知识及一定研究经验，熟练使用 AI 分析工具，能独立完成研究报告，有良好沟通协作能力。

相似岗位： 投资分析师、金融研究员、风险管理师。

合适学科专业： 金融学、经济学、数学与应用数学、统计学、财务管理。

岗位 56：网络安全管理岗（互联网）

主要工作内容： 负责网络安全的管理和技术工作，包括网络安全策略的制定、安全事件的处理、系统漏洞的检测与修复等。日常工作较为多样化，涉及技术操作和管理协调。

岗位关键技能： 具备扎实的计算机网络知识，能够熟练处理网络安全相关问题；熟悉网络安全技术，如渗透测试、漏洞扫描等；具备良好的管理能力，能够协调团队完成安全任务；具备较强的学习能力，能够跟上技术发展的步伐。

薪酬待遇： 月薪 2 万～ 3 万元。

【求职分析建议】

发展前景： 随着网络安全的重要性日益凸显，相关岗位的需求持续增长。未来可晋升为网络安全主管或部门经理，也可转向信息安全咨询、安全架构师等方向发展。

入职门槛： 通常要求本科及以上学历，计算机、网络安全等相关专业优先，需要具备扎实的计算机网络基础和网络安全技术能力，能够独立处理安全事件。

相似岗位：网络安全工程师、信息安全分析师、安全架构师。

合适学科专业：计算机科学与技术、网络安全、信息安全、网络工程、软件工程。

岗位 57：建筑设备工程师（建筑行业）

主要工作内容：负责建筑工地上的设备管理，包括水电、暖通、空调等系统的安装、调试和维护。日常工作需要在工地上进行设备操作和管理，确保设备正常运行。

岗位关键技能：具备扎实的建筑设备工程专业知识，能够熟练操作和维护各类建筑设备；熟悉建筑工地的工作流程和安全规范；具备较强的责任心和抗压能力，能够在艰苦的工作环境中完成任务。

薪酬待遇：月薪 0.5 万～ 2 万元。

【求职分析建议】

发展前景：对设备管理的需求稳定，未来可晋升为设备管理主管或项目经理，也可转向建筑咨询、工程监理等领域发展。

入职门槛：通常要求本科及以上学历，建筑设备工程、机电一体化等相关专业优先，需要具备扎实的专业知识和一定的现场操作经验。

相似岗位：设备管理主管、项目经理、建筑咨询工程师。

合适学科专业：建筑设备工程、机电一体化、土木工程、建筑环境与能源应用工程、电气工程及其自动化。

岗位 58：保险理赔专员（保险行业）

主要工作内容：负责处理保险理赔案件，包括与客户沟通、了解事故情况、指导客户进行理赔申请、协调维修服务等。前期处于学习阶段，由师傅带领熟悉工作流程。

岗位关键技能：具备良好的沟通能力，能够与客户进行有效沟通并提供理赔指导；熟悉保险条款和理赔流程，能够准确处理理赔案件；具备较强的责任心和耐心，能够处理客户的情绪和问题。

薪酬待遇：月薪 1 万元以下。

【求职分析建议】

发展前景：保险理赔专员的需求较为稳定，未来可晋升为理赔主管或地区理赔经理，负责更大范围的理赔管理和团队领导，也可转向保险咨询、4S 店相关岗位发展。

入职门槛：通常要求本科及以上学历，专业背景较为灵活，但保险、汽车等相关专业优先，需要具备良好的沟通能力和学习能力，能够快速熟悉保险条款和理赔流程。

相似岗位：理赔主管、保险咨询师、风险管理师。

合适学科专业：不限专业。

岗位 59：设施管理专员（市政物业）

主要工作内容：负责办公设施的日常维护和管理，包括设备检查、维修安排以及办公室行政事务处理。日常工作需要与不同部门沟通，确保设施正常运行。

岗位关键技能：具备良好的沟通能力，能够与不同国籍的同事有效沟通；熟悉办公设施的维护流程，能够及时处理设备故障；具备一定的行政管理能力，能够高效完成日常行政事务；具备较强的责任心和细心，确保工作的准确性和及时性。

薪酬待遇：月薪 5000 元左右。

【求职分析建议】

发展前景： 随着经验的积累，可晋升为设施管理主管或经理，也可转向物业管理、行政管理等领域发展。

入职门槛： 通常要求大专及以上学历，专业背景较为灵活，需要具备良好的沟通能力和一定的设施管理经验，能够独立处理日常维护工作。

相似岗位： 设施管理主管、设施设备专员、物业管理专员。

合适学科专业： 机械工程、电气工程、物业管理。

岗位 60：游戏运营专员（动漫游戏）

主要工作内容： 负责游戏的宣传和推广，包括制作人物动画、审核内容以及投放广告等。日常工作需要结合游戏特点和市场需求，设计吸引人的宣传内容，提升游戏的知名度和下载量。

岗位关键技能： 具备良好的创意和想象力，能够设计出吸引人的游戏宣传内容；熟悉游戏运营流程，能够高效完成宣传和推广任务；具备一定的动画制作能力，能够独立完成人物动画设计；具备较强的沟通能力，能够与团队成员有效协作。

薪酬待遇： 月薪 1 万～ 2 万元。

【求职分析建议】

发展前景： 运营专员在游戏动漫行业中扮演重要角色，可晋升为游戏运营主管或经理，也可转向游戏策划、市场推广等领域发展。

入职门槛： 通常要求大专及以上学历，动画、游戏设计等相关专业优先，需要具备良好的创意和动画制作能力，能够独立完成宣传内容的设计和制作。

相似岗位： 游戏运营主管、市场推广专员、投放发行专员。

合适学科专业： 动画、游戏设计、市场营销、广告学、数字媒体艺术。

岗位 61：数据中心电气工程师（互联网）

主要工作内容： 负责数据中心电气系统的日常运维和维护工作，确保电气系统的稳定运行。日常工作包括设备巡检、故障排查、预防性维护等。

岗位关键技能： 具备扎实的电气工程专业知识，能够熟练操作和维护电气设备；熟悉数据中心电气系统的设计和运行要求；具备较强的问题解决能力，能够快速处理电气故障；具备良好的沟通能力，能够与团队成员有效协作。

薪酬待遇： 月薪 1 万～ 2 万元。

【求职分析建议】

发展前景： 数据中心行业随着数字化转型的加速，需求持续增长，未来可晋升为电气主管、数据中心运维经理，负责电气系统管理与团队领导；积累经验后，可转向数据中心设计、项目管理等领域发展。

入职门槛： 一般要求本科及以上学历，电气工程、自动化等相关专业优先，需具备扎实电气工程基础和一定运维经验，能独立完成电气系统维护任务。

相似岗位： 电气运维工程师、动力设备工程师、电气技术支持工程师。

合适学科专业： 自动化、电气工程及其自动化、能源与动力工程、建筑电气与智能化、电子信息工程。

岗位 62：云计算售后工程师（互联网）

主要工作内容： 负责集群系统的售后维护，解决客户遇到的技术问题。日常工作需要 24 小时待命，确保客户系统的稳定运行。

岗位关键技能：具备扎实的计算机基础知识，能够处理集群系统的常见问题；熟悉操作系统和网络配置，能够快速定位和解决问题；具备良好的沟通能力，能够与客户进行有效沟通并提供解决方案；能够适应轮班制的工作安排。

薪酬待遇：月薪 1.2 万～ 2 万元。

【求职分析建议】

发展前景：AI 等新技术推动行业不断发展，未来可晋升为技术支持主管、项目经理，也可转向系统架构、软件架构、技术咨询等领域发展。

入职门槛：一般要求大专及以上学历，计算机相关专业优先，需具备扎实计算机基础和故障排除能力，能独立完成售后维护任务。

相似岗位：技术支持工程师、系统维护工程师、IT 售后工程师。

合适学科专业：计算机科学与技术、软件工程、网络工程、信息管理与信息系统、电子信息工程。

岗位 63：流水线员工（制造业）

主要工作内容：从事车间内的生产线有关劳动，完成生产任务。日常工作需要按照生产计划进行操作，确保产品质量和生产效率。

岗位关键技能：具备一定的体力和耐力，能够长时间从事体力劳动；熟悉车间生产流程和操作规范，能够高效完成生产任务；具备较强的责任心和团队协作能力，能够与同事共同完成生产目标。

薪酬待遇：月薪 0.6 万～ 1.2 万元，具有智能制造技术月薪可超过 1.2 万元。

【求职分析建议】

发展前景：随着智能制造技术升级，未来可晋升为班组长或车间管理；积累经验后，也可转向生产管理、质量控制等领域发展。

入职门槛：通常对学历要求不高，但需具备一定智能制造流水线生产技能和耐力，适应车间工作环境，需通过培训和实践掌握基本生产技能，能独立完成生产任务。

相似岗位：生产操作员、装配工、质检员。

合适学科专业：机械制造与自动化、电气自动化技术、模具设计与制造、材料成型与控制技术、工业工程技术。

岗位 64：造价师（建筑行业）

主要工作内容：负责建筑项目的造价估算和成本控制，包括土木工程造价的计算和审核。日常工作需要使用专业软件进行造价分析，并与项目团队沟通协调，确保项目成本在预算范围内。

岗位关键技能：具备扎实的工程造价专业知识，能够准确计算和审核造价；熟悉建筑行业相关法规和标准，确保造价工作的合规性；具备良好的沟通能力，能够与项目团队有效协作；具备较强的学习能力，能够持续更新专业知识以应对行业变化。

薪酬待遇：月薪 1 万元左右。

【求职分析建议】

发展前景：建筑行业对造价师需求稳定，可晋升为造价主管、经理，负责全面造价管理；也可转向项目管理、成本咨询等领域。

入职门槛：通常要求本科及以上学历，工程造价、土木工程等相关专业优先，需具备扎实专业知识和一定项目经验，能独立完成造价任务，良好学习能力和团队协作精神是加分项。

相似岗位：预算工程师、成本分析师、工程审计师。

合适学科专业：工程造价、土木工程、工程管理、建筑学、财务管理。

岗位 65：现场经理（建筑行业）

主要工作内容：负责工地项目的验收工作，确保各项工程符合标准和要求。日常工作需要记录监理日记，详细记录工地情况和验收结果。

岗位关键技能：具备扎实的土木工程专业知识，能够准确判断工程质量；熟悉建筑行业相关法规和标准，确保验收工作的合规性；具备良好的沟通能力，能够与项目团队有效协作；具备较强的责任心和细心，确保记录的准确性和完整性。

薪酬待遇：月薪 1 万元左右。

【求职分析建议】

发展前景：建筑行业虽然竞争激烈，但对专业人才的需求依然稳定。未来可晋升为项目经理、部门主管，负责更大项目管理；也可转向工程咨询、项目策划等领域。

入职门槛：通常要求本科及以上学历，土木工程、建筑工程等相关专业优先，需具备扎实专业知识基础，一定项目实践经验，及良好团队协作和沟通能力。

相似岗位：建筑工地主管、工程项目负责人、工程验收专员。

合适学科专业：土木工程、建筑工程、工程管理、建筑环境与设备工程、给排水科学与工程。

岗位 66：出版战略策划（出版行业）

主要工作内容：负责行业调研，撰写策划方案，提供商业洞察，帮助出版社制定战略规划。日常工作需要分析市场趋势、用户需求，并提出具体的实施建议。

岗位关键技能：具备良好的分析能力和逻辑思维能力，能够准确把握行业痛点；熟悉战略咨询的基本流程和方法，能够高效完成调研和方案撰写；具备较强的沟通能力，能够与团队成员和客户有效协作；具备一定的项目管理能力，能够协调资源完成项目任务。

薪酬待遇：收入跨度较大，初级岗位月薪 5000 ~ 8000 元，中高级在数万元不等。

【求职分析建议】

发展前景：出版行业正在向智能化转型，需要持续学习，可晋升为策划经理、系列丛书经理，负责更大咨询项目与团队管理；也可转向企业宣传策划执行、市场分析等领域。

入职门槛：通常要求本科及以上学历，研究生学历更佳，专业背景灵活，需具备良好分析、逻辑思维与沟通能力，有相关实习经验者优先。

相似岗位：出版社策划编辑、出版策划、市场分析专员。

合适学科专业：出版学、新闻传播学、企业管理、经济学、市场营销。

岗位 67：财务报表专员

主要工作内容：负责财务数据的披露和报表的合并工作。日常工作需要处理大量的财务数据，确保报表的准确性和合规性。

岗位关键技能：具备扎实的财务知识，能够熟练处理财务报表和数据披露；熟悉财务软件和办公软件，能够高效完成报表合并和数据分析；具备良好的沟通能力，能够与团队成员有效协作；具备较强的责任心和细心，确保工作的准确性和及时性。

薪酬待遇：月薪 8000 ~ 9000 元。

【求职分析建议】

发展前景：随着企业规模扩大和财务管理规范化，以及 AI 广泛应用，应加强自身持续学习，未来可晋升为财务主管、财务经理，负责全面财务管理；也可转向财务咨询、审计领域，提供专业财务服务。

入职门槛：通常要求本科及以上学历，财务、会计、经济学等相关专业优先，需具备扎实财务基础，一定会计实践经验，能独立完成报表编制和数据分析，有良好团队协作能力，具备 AI 应用能力更具有竞争力。

相似岗位：财务分析师、会计专员、财务助理。

合适学科专业：财务管理、会计学、经济学、审计学、金融学。

岗位 68：数据分析专员（互联网）

主要工作内容：负责收集和分析企业运营数据，帮助解决商业问题。日常工作包括数据挖掘、报表生成、问题诊断以及与相关部门沟通协调，推动业务改进。

岗位关键技能：具备扎实的数据分析能力，能够熟练使用数据分析工具（如 Python 等）；熟悉数据可视化工具，能够清晰呈现分析结果；具备良好的沟通能力和逻辑思维能力，能够与不同部门协作解决问题；熟悉企业运营流程，能够从数据中发现业务痛点。

薪酬待遇：月薪 2 万～ 3 万元。

【求职分析建议】

发展前景：数据分析行业需求旺盛，AI 应用深刻改变着该领域，应加强 AI 学习与应用，未来可晋升为高级数据分析师、数据经理，也可转向数据咨询、数据交易、商业智能等领域发展。

入职门槛：通常要求本科及以上学历，计算机科学、数学、统计学、信息管理、经济学等相关专业优先，需要具备扎实的数据分析基础和一定的编程能力，能够独立完成数据分析任务。

相似岗位：数据应用工程师、数据挖掘工程师、商业分析师。

合适学科专业：计算机科学与技术、数学与应用数学、统计学、信息管理与信息系统、经济学。

岗位 69：商业分析专员（互联网）

主要工作内容：负责市场分析和行业研究，收集和整理相关数据，撰写分析报告。日常工作需要进行市场调研、资料收集和数据分析，为公司提供决策支持。

岗位关键技能：具备良好的分析能力和逻辑思维能力，能够高效完成市场调研和数据分析；熟悉行业研究的基本方法和工具，能够撰写高质量的分析报告；具备较强的沟通能力，能够与团队成员有效协作；具备较强的学习能力，能够快速适应新任务和新领域。

薪酬待遇：月薪 1 万～ 3 万元。

【求职分析建议】

发展前景：随着互联网和新兴技术的不断发展，可晋升为高级商业分析师或项目经理，也可转向市场咨询、战略规划等领域发展。本领域受到 AI 影响较大。

入职门槛：通常要求本科及以上学历，专业背景较为灵活，市场营销、经济、金融等相关专业优先，需要具备良好的分析能力和逻辑思维能力，能够独立完成市场调研和数据分析任务。在该行业中，AI 应用能力越来越受到重视。

相似岗位：市场分析师、数据分析师、商业策划。

合适学科专业：市场营销、经济学、金融学、统计学、信息管理与信息系统。

岗位 70：实验员（生物医药 / 化学）

主要工作内容：负责生产过程中的实验操作，包括实验设计、数据记录和结果分析。日常工作需要按照标准流程进行实验操作，确保实验结果的准确性和可靠性。

岗位关键技能：具备扎实的生物或化学基础知识，能够熟练操作实验仪器；熟悉实验流程和标准操作规程，能够高效完成实验任务；具备较强的责任心和细心，确保实验数据的准确性和完整性。

薪酬待遇：月薪 6000 ～ 8000 元。

【求职分析建议】

发展前景：实验员在生物医药、化学领域的需求明确，随行业发展，可晋升为实验主管或技术主管；积累经验后，也可转向研发、质量控制等领域发展。

入职门槛：通常要求本科及以上学历，生物科学、化学、生物医学工程、应用化学、药学等相关专业优先，需具备扎实专业知识及实验操作经验，能独立完成实验任务，有良好责任心和团队协作精神。

相似岗位：实验技术员、研发助理、质检员。

合适学科专业：生物科学、化学、生物医学工程、应用化学、药学。

岗位 71：临床研究协调员（医疗行业）

主要工作内容：协助研究者在医院进行临床试验的操作，包括招募受试者、协助药物试用、处理非医学判断的工作等。日常工作需要与患者、医生和申办方进行沟通协调，确保临床试验的顺利进行。

岗位关键技能：具备良好的沟通能力，能够与患者、医生和申办方有效沟通；熟悉临床试验流程和规范，能够高效完成试验任务；

具备一定的医学知识，能够理解试验药物的作用和要求；具备较强的责任心和细心，确保试验数据的准确性和完整性。

薪酬待遇：月薪 1 万～ 3 万元。

【求职分析建议】

发展前景：随着医药行业的不断发展，临床试验的需求持续增长。未来可晋升为项目经理或团队主管，也可转向临床研究管理、药物研发等领域发展。

入职门槛：通常要求本科及以上学历，医学、药学、护理学、生物科学、公共卫生等相关专业优先，需具备良好的沟通能力和一定的临床试验基础知识。

相似岗位：临床监查员、临床研究助理、药物临床专员。

合适学科专业：医学、药学、护理学、生物科学、公共卫生。

岗位 72：律师助理

主要工作内容：负责协助律师处理日常事务，包括文件整理、法律检索等。日常工作需要处理大量的法律文件，确保工作的准确性和及时性。

岗位关键技能：具备扎实的法律专业知识，能够高效完成法律检索和文件整理；熟悉法律文书的撰写和格式要求；具备良好的沟通能力，能够与律师和客户有效协作；具备较强的责任心和细心，确保工作的准确性和完整性。

薪酬待遇：月薪 1 万～ 2 万元。

【求职分析建议】

发展前景：律师助理是律师行业入门岗位，积累经验后可晋升为律师，也可转向法律咨询、企业法务等领域发展。

入职门槛：通常要求本科及以上学历，法学专业背景，需通过司法考试，具备扎实的法律基础知识和一定的法律实践经验。

相似岗位：法务助理、法律顾问助理、合规专员。

合适学科专业：法学相关。

岗位 73：施工资料员（建筑与市政）

主要工作内容：负责市政项目的资料整理和管理，包括文件归档、资料分类、数据录入等。日常工作需要确保资料的完整性和准确性，为项目顺利进行提供支持。

岗位关键技能：具备扎实的土木工程基础知识，能够理顺市政项目的相关资料；熟悉资料管理流程，能够高效完成资料整理和归档；具备良好的沟通能力，能够与项目团队成员有效协作；具备较强的责任心和细心，确保资料的准确性和完整性。

薪酬待遇：月薪 5000 元左右。

【求职分析建议】

发展前景：资料员在建筑和市政行业中需求稳定，可晋升为资料主管或项目主管；或可转向项目管理、工程咨询等领域发展。

入职门槛：通常要求大专及以上学历，土木工程、市政工程等相关专业优先，需具备扎实专业知识和资料管理经验，能独立完成资料整理任务，有良好沟通能力和责任心。

相似岗位：建筑资料员、工程文档管理员、档案管理员。

合适学科专业：土木工程、市政工程、建筑工程管理、档案管理、信息管理。

岗位 74：供应链管理专员（石油化工）

主要工作内容：负责石油化工行业的供应链管理，包括采购、物流协调等工作。日常工作需要与供应商进行沟通，确保供应链的稳定性和高效性。

岗位关键技能：具备良好的沟通能力，能够与供应商进行有效沟通；熟悉供应链管理流程，能够高效完成采购和物流协调任务；具备较强的责任心和细心，确保工作的准确性和及时性。

薪酬待遇：年薪 10 万元左右。

【求职分析建议】

发展前景：供应链管理专员在石油行业中需求稳定，可晋升为供应链主管或经理，也可转向采购管理、物流咨询等领域发展。

入职门槛：通常要求本科及以上学历，工商管理、物流管理等相关专业优先，需具备扎实专业知识和一定供应链管理经验，能独立完成采购和物流协调任务。

相似岗位：采购专员、物流专员、供应链分析师。

合适学科专业：工商管理、物流管理、供应链管理、采购管理、运营管理。

岗位 75：测绘技术员（市政建筑）

主要工作内容：负责市政项目的地形图采集、整理和提交。日常工作需要使用全站仪、GPS 等设备进行实地测量，并使用 CAD 软件进行制图。

岗位关键技能：具备扎实的测绘专业知识，能够熟练操作测量设备和制图软件；熟悉测绘流程和规范，能够高效完成测量任务；具备较强的责任心和细心，确保测量数据的准确性和完整性；能够适应户外工作环境，具备一定的体力和耐力。

薪酬待遇：月薪 6000 ~ 8000 元。

【求职分析建议】

发展前景：测绘技术员在建筑、市政等行业需求稳定，可晋升为测绘主管或项目经理，也可转向测绘咨询、地理信息系统（GIS）等领域发展。

入职门槛：通常要求大专及以上学历，测绘工程、地理信息系统等相关专业优先，需具备扎实专业知识和一定测量经验，能适应户外工作环境。

相似岗位：测量员、测绘工程师、地理信息系统技术员。

合适学科专业：测绘工程、地理信息系统、土木工程、工程管理、环境工程。

专业技术服务类（7 个）

岗位 76：系统实施咨询师（数字化转型）

主要工作内容：从项目启动到交付的全流程管理，包括业务调研、方案设计、与客户沟通确认方案、与 IT 开发团队协调实施细节、进行项目测试等。工作涉及多方沟通和协调，确保项目按时、按质量完成。

岗位关键技能：具备良好的沟通能力，能够与客户和开发团队有效交流；掌握基本的 IT 知识，如 Python 编程、数据库管理等；具备项目管理能力，能够协调项目进度并处理突发问题；熟悉业务流程和系统实施的各个环节。

薪酬待遇：月薪 1.3 万～ 1.5 万元。

【求职分析建议】

发展前景：随着企业数字化转型的加速，系统实施咨询师的需求持续增长。未来可晋升为高级咨询师或项目经理，也可转向系统架构设计、企业数字化转型咨询等领域发展。

入职门槛： 本科及以上学历，需具备 Python、数据库管理等相关技能和项目经验，具备良好的沟通能力和团队协作精神。

相似岗位： 项目经理、IT 顾问、业务分析师。

合适学科专业： 计算机科学与技术、信息管理与信息系统、软件工程、电子商务、信息技术。

岗位 77：律师

主要工作内容： 处理各类民商事诉讼案件，包括合同纠纷、侵权纠纷等。日常工作需要与客户沟通，了解案件情况，制定诉讼策略，并在法庭上进行辩护或代理。

岗位关键技能： 具备扎实的法律专业知识，能够准确理解和运用民商事法律法规；具备较强的沟通能力和抗压能力，能够在复杂的案件中保持冷静；具备良好的逻辑思维和应变能力，能够在诉讼过程中快速应对各种情况；熟悉法庭程序和诉讼流程，能够高效推进案件进展。

薪酬待遇： 收入跨度较大，年薪几万到 60 万元浮动，收入水平受案件复杂程度和律师个人能力影响较大。

【求职分析建议】

发展前景： 未来可晋升为合伙人律师，也可转向企业法律顾问、仲裁员等方向发展。

入职门槛： 通常要求本科及以上学历，法学专业优先，需要通过司法考试，具备一定的法律实践经验。

相似岗位： 企业法律顾问、法务专员、助理律师。

合适学科专业： 法学相关。

岗位 78：公关项目执行专员（公关行业）

主要工作内容：负责公关项目的具体执行工作，包括撰写方案、活动现场的组织与协调等。日常工作需要与客户和团队成员进行有效沟通，确保项目顺利进行。

岗位关键技能：具备良好的沟通能力和团队协作能力，能够准确传达客户需求并协调团队资源；熟悉公关活动的流程和执行细节；具备较强的责任心和抗压能力，能够应对高强度的工作任务。

薪酬待遇：月薪 1 万～ 2 万元。

【求职分析建议】

发展前景：公关行业需求稳定，未来可晋升为公关项目经理或大型项目经理，也可转向公关策划、品牌管理等领域发展。

入职门槛：对专业要求不高，通常要求本科及以上学历，公关、传媒、英语等相关专业优先，需要具备良好的沟通能力和项目执行能力，能够适应频繁的出差和活动执行任务。

相似岗位：公关项目经理、品牌专员、活动策划专员。

合适学科专业：公共关系学、传播学、市场营销、英语、工商管理。

岗位 79：心理咨询师

主要工作内容：主要负责青少年儿童的心理咨询，包括处理孩子厌学、手机网瘾、学业规划不清晰、家庭关系紧张、青春期叛逆、早恋等问题。日常工作需要与青少年进行深入沟通，了解问题根源，并提供专业的心理支持和解决方案。

岗位关键技能：具备扎实的心理学知识，能够准确识别和处理各类心理问题；具备良好的沟通能力和同理心，能够与青少年建立信任关系；熟悉心理治疗和咨询的方法，能够提供有效的心理干预；

具备危机干预能力，能够在紧急情况下进行有效的心理支持。

薪酬待遇：月薪 1 万～ 5 万元。

【求职分析建议】

发展前景：随着人们对心理健康的重视程度不断提高，心理咨询师的需求持续增长。未来可转向心理健康教育、心理培训等领域发展。

入职门槛：通常要求本科及以上学历，应用心理学、教育心理学、医学心理学等相关专业优先，需要考取心理咨询师证书、心理治疗师证书或相关医学资质。

相似岗位：心理治疗师、心理健康教育师、心理培训师。

合适学科专业：应用心理学、教育心理学、医学心理学、临床心理学、心理咨询。

岗位 80：企业社会责任 /ESG 咨询顾问（咨询行业）

主要工作内容：负责撰写 ESG（环境、社会和治理）相关的研究报告，为企业提供 ESG 战略框架搭建和咨询服务。日常工作包括行业研究、政策分析以及与企业客户的沟通协作。

岗位关键技能：具备扎实的环境科学、可持续发展等相关知识，能够准确理解和分析 ESG 标准；熟悉国家政策和国际趋势，能够为企业提供战略建议；具备良好的沟通能力和报告撰写能力，能够与客户有效沟通并提供高质量的咨询报告。

薪酬待遇：月薪 1.5 万～ 2 万元。

【求职分析建议】

发展前景：随着行业对可持续发展的重视，未来可晋升为高级咨询顾问或项目经理，也可转向上市公司社会责任 /ESG 管理，或政策研究、企业发展管理等领域发展。

入职门槛：通常要求本科及以上学历，环境科学、可持续发展、经济学等相关专业优先，需要具备扎实的专业知识和一定的研究能力，能够独立完成咨询项目。

相似岗位：可持续发展顾问、环境咨询师、政策研究员。

合适学科专业：环境科学、可持续发展、经济学、管理学、社会学。

岗位 81：认证公司审核员（认证检测）

主要工作内容：负责到企业进行审核和检查工作，确保企业符合相关认证标准和要求。日常工作需要与企业沟通，了解其运营流程和管理体系，提出改进建议并完成审核报告。

岗位关键技能：具备扎实的专业知识，能够准确理解和应用相关认证标准；具备良好的沟通能力和问题解决能力，能够与企业有效沟通并提出解决方案；具备较强的学习能力，能够不断更新知识体系以适应行业变化；具备严谨的工作态度，确保审核工作的准确性和公正性。

薪酬待遇：月薪 2 万元左右。

【求职分析建议】

发展前景：随着企业对质量和管理体系认证的重视，未来可晋升为高级审核员或审核团队负责人，也可转向企业咨询、质量管理等领域发展。

入职门槛：通常要求本科及以上学历，专业背景较为灵活，但质量管理、标准化、企业管理等相关专业优先，需要具备相关工作经验，通常要求在企业工作 5 ～ 6 年，积累足够的管理经验后才能从事审核工作。

相似岗位：高级审核员、审核团队负责人、企业咨询顾问。

合适学科专业：质量管理、标准化、企业管理、工商管理、法学。

岗位 82：留学咨询顾问（留学服务）

主要工作内容：负责了解学生的学习情况，与学生沟通留学需求，指导学生准备留学申请材料，帮助学生达成留学目标。

岗位关键技能：具备良好的沟通能力，能够与学生和家长进行有效沟通；熟悉留学申请流程，能够提供专业的留学建议；具备一定的外语能力，能够阅读和撰写留学相关材料；具备较强的销售能力，能够完成签约任务。

薪酬待遇：月薪 1 万～ 2 万元。

【求职分析建议】

发展前景：未来可晋升为留学顾问主管或经理，可转向国际教育咨询、留学规划等领域发展。

入职门槛：通常要求本科及以上学历，外语相关专业优先，需要具备良好的沟通能力和一定的留学申请知识，能够独立完成留学咨询任务。

相似岗位：留学顾问主管、国际教育咨询师、留学规划师。

合适学科专业：英语、教育学、国际关系、市场营销、工商管理。